21세기 기업생존을 위한 글로벌 경영혁신의 원천은

바로 **지식경영시스템**이다.

글로벌 경영혁신&지식경영 시스템

Global Management Innovation & Knowledge Management Systems

한올출판사

최근 전사적 차원에서의 글로벌 경영혁신 전략과 기법, 그리고 그 원천이라고 할 수 있는 지식경영시스템(KMS)에 대한 기업, 경상계열 전공학생, 일반인들도 관심이 크게 증가하고 있지만 개론적으로 쉽게 접근할 수 있는 국내 서적이 많지 않음을 안타깝게 생각한다.

이러한 심정으로 본 저자는 스스로 부족함을 너무나 잘 알고 있기에 '시작이 반이다'라는 신념으로 용기를 내어, 처음 입문하는 독자들에게 부담이 없도록 이론과 사례 중심의 핸드북 형태로 집필하게 되었다. 이러한 쑥스럽고 미흡한 점에 대해서 독자 여러분들과 집필과정에서 일일이 열거하지 못한 인터넷과 참고문헌의 존경하는 저자들께도 고개 숙여 양해의 말씀을 드리고자 한다.

21세기에 접어든 현재, 지식기반 경제로의 전환이 빠른 선진국과 그렇지 못한 국가 간에는 벌써부터 지식경쟁력 및 지식생산성의 격차가 점점 더 커지고 있는 추세이다. 이러한 점이 우리나라 기업 및 공공기관 등에서 지식경쟁력 강화를 위해 체계화된 지식경영시스템을 도입해야 하는 절실한 이유이다.

지식경영시스템은 '개인이 보유하고 있는 정보와 지식을 체계적으로 창출, 축적, 공유, 활용함으로써 새로운 지식을 재창출하고 이를 바탕으로 경영성과를 극대화하는 경영활동 및 관리시스템' 이라고 정의할 수 있다. 이미 많은 글로벌 기업들은 지식경쟁력 확보를 위해 Web 기반의 지식경영 포털시스템을 구축하고 활용하고 있으며, 임직원들에게 지속적으로 지식경영 활동을 장려하고 있다. 그 이유는 21세기 기업생존을 위한 글로벌 경영혁신의 원천은 바로 지식경영시스템이기 때문이다!

이제 우리가 실어 날라야 하는 상품은 지식을 기반으로 한 경쟁력 있는 상품이어야 한다. 경쟁력 있는 지식상품을 만들기 위해서는 국가차원의 지식경제 기반조성을 위한 실질적인 전략과 운영시스템이 도입되어야 하고 이를 통해 정부, 기업, 국민의 지식경쟁력을 강화시켜 나가야 한다.

요즘과 같이 출판계 사정이 어려움에도 불구하고 흔쾌히 출간을 맡아주시고 애써주신 한올출판사 사장님, 편집부 직원 여러분들의 노고에 감사드리고, 게으른 저자에게는 강력한 연구자극제가 되어주시는 존경하는 은사님, 선후배 교수님들께도 진심으로 감사의 말씀을 드린다. 또한 집필하는 동안 사랑하는 가족, 지인들과 많은 시간 함께 하지 못한 미안함을 전하며 이 책을 바친다.

끝으로 이 책이 다루고 있는 범위 내에서의 오류에 대해 독자 여러분들의 애정 어린 충고를 환영하며 계속적으로 보완해 나갈 것임을 다짐한다.

2008년 2월

개신동 연구실에서, 한대문 씀

차 례

CONTENTS

Chapter 08

성공적인 지식경영 도입방안

Chapter 09

핵심역량과 아웃소싱전략

Chapter 10

경영혁신 사례연구

Chapter 01

경영패러다임의 변화와 경영혁신

지식정보의 시대인 21세기는 자본, 노동 등과 같은 자원의 확보나 효율화 경쟁만으로 질적 성장에 한계가 있으며, 동일한 규모의 자원이라도 지식을 중심으로 부가가치를 보다 높일 수 있는 지식경영만이 경쟁우위를 확보할 수 있다. 기업들은 요소 투입의 확대나 효율화 경쟁보다는 보이지 않는 경쟁력의 원천인 개인과 조직의 지식을 핵심역량으로 활용하여 보다 높은 부가가치를 창출하려는 방향으로 경영혁신을 추진하고 있다.

이렇듯 과거 산업사회에서 오늘날 지식정보사회로 전환되면서 경영패러다임도 변화하고 있으며, 이에 따라 산업사회의 지배적인 자원이라고 여겨졌던 자본, 토지, 노동이라는 생산요소의 개념도 변화하고 있다.

이제 과거의 생산요소는 지식으로 대체되고 있으며 Peter Drucker가 언급한대로 지식이 지식정보사회의 가장 중요한 자원이자 지식의 생산성이 생산, 경쟁력, 경제적 달성에 있어서 핵심 열쇠가 되는 것이다. 즉 산업사회에서 천연자원이나 자본, 노동 등의 생산요소가 없는 국가 및 기업이 발전을 이루지 못했던 것과 마찬가지로 앞으로 미래사회에서 지식이 없는 국가 및 기업은 경쟁력을 상실함으로써 그 명맥을 유지하지 못하게 될 것이다.

기업 경영은 변화하는 경영 환경 속에서 자기 정체성을 확고히 하며 경영성과를 높여 경영목표를 효과적으로 달성하고 나아가 존속과 번영을 지속적으로 하여 생존하는 것이다. 그런데 경영환경은 특정하게 정형화, 고착화되어 있는 것이 아니라 부단히 변화하고 있다. 즉 정치, 경제, 사회, 문화, 기술 등 환경의 변화는 기업으로 하여금 이에 상응한 적절한 상황 대응 능력을 필요케 하고 있다.

이미 30년 정도가 기업의 생명주기로 인식되고 있지만 기업의 흥망성쇠에 가장 중요한 변수는 환경에 대한 적응능력이다. 즉 기업이 환경의 변화 요소를 적절히 인식하고 기업 내에 받아들여 분석, 가공함으로써 기존의 제품이나 서비스에 부가가치를 더해 다시 환경에 피드백하여 고객을 만족시키고 곧 기업의 성과 극대화로 연결할 수 있느냐의 능력이라는 것이다.

이러한 사실은 결국 기업 생존의 비결은 환경에 대한 정보의 유효한 획득과 가공 등에 의존한다는 것이다. 즉 환경이 불확실해진다는 것은 기업 조직이 처리해야 할 변수가 많다는 것을 의미하며, 이러한 정보를 유효히 경쟁자보다 빠르게 획득, 가공, 처리하여 조직 내에 전이하고 조직 구성원의 창의력을 촉발시켜 이것을 제품과 서비스에 체화시킬 수 있느냐 하는 것이 관건이다.

지금까지는 기업의 크기를 통한 규모의 경제, 내부 효율성, 사업간 시너지, 브랜드 인지도 등을 제고함으로써 사업 성공의 기회를 높일 수 있었다. 그러나 시장이 불안정하고 소용돌이처럼 변화하며, 불확실성이 높은 경제체제 내에서는 경쟁력을 보장할 확실한 자원은 바로 '지식'일 것이다.

21세기에 접어든 현재, 지식경제로의 전환이 빠른 선진국과 그렇지 못한 국가 간에는 벌써부터 지식 및 지식생산성의 격차가 급속히 확대되고 있는 추세이다. 단적으로 지식격차는 미국의 만화·영상산업과 우리의 자동차 산업을 비교했을 때 극명하게 나타난다. 미국은 오래 전부터 만화·영상 등 지식산업에 중점 투자하였는데, 한 예로 전 세계에서 흥행에 대성공한 영화 '쥬라기공원' 한편으로 우리나라가 자동차 100만대를 파는 것보다 더 높은 부가가치와 경쟁력을 가질 수 있게 되었다.

제조업 부문을 비교할 때도 우리의 노동생산성이 선진국에 비해 매우 낮은 것은 노동자 개개인의 지식격차가 주요 원인임을 알 수 있다. 같은 시간을 일해도 우리는 선진국과의 지식격차로 인하여 낮은 노동생산성을 나타낸다.

이것이 우리의 현실이며 기업 및 국가기관 등에서 지식경쟁력 강화를 위해 체계화된 지식경영시스템을 도입해야 하는 절실한 이유이다. 우리가 실어 날라야 하는 상품은 지식을 기반으로 한 경쟁력 있는 상품이어야 한다. 경쟁력 있는 지식상품을 만들기 위해서는 국가차원의 지식경제 기반조성을 위한 전략이 제시되어야 하고, 이를 통해 정부, 기업, 국민의 지식경쟁력을 강화시켜 나가야 한다.

기업 경영에 있어서 지식처럼 눈에 보이지 않는 자산의 중요성은 이미 오래 전부터 인식되어 왔다. 그러나 지식을 기업 경영에 있어서의 핵심적인 요소로서 관리하게 된 것은 비교적 최근의 일이다. 경쟁우위의 근본적인 원천이 바로 지식이라는 인식의 확대가 그 중요한 이유다. 특히 1997년말 IMF 외환위기 이후 여러 가지 경영 어려움을 겪고 있는 우리나라 기업들에게는 지식경영이라는 경영패러다임의 변화가 남다를 것이다.

지식경영은 지금까지 설명한 지식 혹은 지적 자본을 지속적으로 획득, 창출, 축적, 전파, 공유하고 이를 활용해서 고객에게 뛰어난 가치를 제공함으로써 높은 기업 성과를 달성하는 것이다. 따라서 기업으로서는 지식의 중요성과 가치를 구성원들이 인식하도록 하고 지식의 공유, 탐구, 전파 등을 장려하는 조직문화와 보상시스템을 구축하고 통합정보시스템, 구성원 간 네트워크 등이 필요하다.

Chapter 02

지식의 개념적 이해

1 지식의 기본 개념

일반적 의미에서 지식이란 정보를 나름대로 해석하여 의미를 부여한 것이라 할 수 있다. 하지만 기업 경영에 있어서의 의미는 좀 더 제한적이다. Peter Drucker는 경영에 있어서 지식은 일하는 방법을 끊임없이 개선, 개발, 혁신해서 부가가치를 높이는 것으로 한정하고 있다. 즉 기업 성과의 개선에 도움이 되지 않는 지식, 조직 내에 존재하기는 하지만 기업의 가치 창출에 도움이 되지 못하는 지식, 즉 활용되지 않는 지식은 의미가 없다는 것이다.

이러한 의미에서 지식은 핵심역량 개념과도 깊은 관련이 있다. 즉, 핵심역량이 지속적인 경쟁우위를 가능케 하는 기업의 독특한 역량이라고 한다면, 지식이라는 것은 이러한 핵심역량의 가장 근본적인 원천이 되는 것이다.

이제 지식은 지식활동의 시대를 맞아 가장 핵심적인 기업경쟁력의 원천으로 주목 받고 있다. 이러한 지식에 관한 관심은 암묵적 지식, 조직역량, 무형자산, 조직학습 등의 분야에서 시작하여 다양한 학문분야로 그 논의가 확산되고 있다.

이러한 지식에 관한 연구와 논의는 지식에 대한 다양한 접근만이 가능할 뿐, 지식에 대한 과학적인 정의는 존재하지 않음으로 인한 연구의 난점을 노출하고 있다. 그러나 중요한 사실은 과거에도, 지금 현재에도 수많은 기업들이 지식을 효과적으로 기업 활동에 활용하기 위한 노력을 기울이고 있으며 많은 사람들이 지식을 가장 핵심적인 경쟁력의 원천으로 간주하고 있다는 것이다.

지식의 사전적 의미는 '사물에 관한 똑똑한 의식과 그것에 대한 판단', '알고 있는 내용 또는 그 범위'를 의미한다. 이는 '알고 있음' 혹은 '알고 있음에 대한 체계적 정리' 라고 할 수 있다. 여기서 한 걸음 더 나아가 철학적 지식의 개념은 '정당화된 진실에 대한 신념'을 이른다.

그러나 지식에 대한 정의는 시대, 지역, 관점에 따라 다양하게 정의되고 있다. 소크라테스는 자기 자신을 아는 것으로, 프로타고라스는 논리, 문법, 수사학으로, 도가(道家)에서는 깨달음과 지혜에 이르는 길로, 그리고 산업혁명 이후에는 실용성을 지니며 사회적 지위와 경제적 성과를 얻을 수 있는 수단 등으로 다양하게 정의되고 있다.

전통적으로 지식은 일반화된 지식을 의미했지만 오늘날에 와서는 매우 전문화된 지식을 의미하고 있다. 또 지식은 상황에 따라 필요한 의사결정과 행동을 이끌어내는 본능, 사상, 법칙, 절차 등의 집합체로서 데이터가 정보로 전환되는 과정에서 이를 여과하고 수정하는 역할을 한다.

조직적 차원에서 살펴볼 때 지식은 유용하고 강력하게 처리된 정보로서 행동의 바탕이 되는 재능, 기술, 통찰력, 이해력, 판단력 등과 관련되어 있다. 개인적 차원에서 살펴볼 때 지식은 각 개개인의 두뇌나 근육에 체현(體現)되어 있다. 집단적·조직적 차원에서 볼 때 지식은 조직의 프로세스, 문서, 제품, 서비스, 설비, 시스템 등에 저장되어 있다.

지식은 개별적으로 획득되어 개인의 능력이 되고 이와 함께 공유되어 기업의 자산이 되며, 활용되어 효과적이고 가치 창출적인 조직을 만든다. 이러한 지식은 학습의 결과로 생성되며 기업에 지속적인 경쟁우위를 제공해 주며 새로운 환경에 적응할 수 있는 능력을 제공해 준다.

또 다른 관점에서 지식이란 '검증된 진리' 라고도 정의할 수 있으며, 상황에 따른 인간의 인지적 활동이 축적되어 생성된 것으로 볼 수 있다. 즉 정보나 데이터가 사용자의 인식, 해석, 분석 및 이해 등의 인지적 활동을 거치면서 경험이나 특정 상황과 결합함으로써 보다 부가가치적이고 활용 라이프 사이클이 긴 지식으로 창출된다.

예를 들어, 특정 기업의 주가와 거래량이 일정기간 지속적으로 감소하다가 어느 날 갑자기 거래량이 폭증했다고 하자. 이 주식에 관심이 없어서 어쩌다 하루 들여다 본 사람에게는 이 날의 주가나 거래량은 단순한 데이터에 지나지 않겠지만, 이 주식에 관심을 가지고 주가와 거래량을 일정기간동안 모니터 해온 사람에게는 이러한 변화의 패턴은 놓치면 안 될 중요한 정보인 것이다. 이 상황에서 처음 주식투자를 해 본 사람은 쉽게 상황판단을 못할 수도 있겠으나 주식투자 및 분석을 어느 정도 해 본 사람, 즉 기초 거래지식이 있는 사람이라면 일단 주가가 단기바닥에 근접했다고 판단할 것이다. 하지만 투자결정을 내리기 위해서는 이러한 현상이 대세 상승기로 전환하는 신호인지 아니면 대세 하락기의 일시적 반등의 신호인지 판별할 수 있는 금융거래지식 능력이 필요한 것이다. 과거 국내 금융기관들이 연간 수천억씩 적자를 낼 때 외국 금융기관의 한국지사들이 엄청난 흑자를 낼 수 있었던 요인들 중의 하나가 바로 이러한 금융거래지식의 보유여부라고 볼 수 있다.

그러나 지식경영에서 이르는 지식은 경영자나 조직의 최적 의사결정을 돕는 결정적인 핵심요소가 된다는 점에서, 환경 속에서 생존해 나가거나 환경을 변혁하기 위한 체계적이고 종합적인 개념의 집합체라고 볼 수 있다.

또한 지식은 정보가 인간의 경험, 상황 및 인지적 활동과 결합하여 생성되며, 자료나 정보보다 인간의 개입정도가 더 높은 고부가가치 정보를 말한다. 그리고 지식은 옳고 진실한 통찰력, 경험, 그리고 과정들의 전체적인 집합이며, 이러한 전체적인 집합이 사람들의 생각, 행동, 그리고 의사소통을 이끌어 가는 것을 말한다.

이러한 지식을 기업 경영 관점에서 정리해보면 다음과 같다 (Nonaka & Konno, 1998).

- 이노베이션, 독창적 기술 개발에 있어서의 지식
- 제품 개발에 있어서의 가치 개념으로서의 지식
- 특허 등 지적 재산
- 기업 이미지, 브랜드 이미지 등 무형자산
- 소프트웨어, 서비스를 비롯한 지식으로서의 제품
- 제품의 창조에 관련한 광범위한 지식(개발기술, 특정 노하우 등 지적 자산의 축적)
- 조직체가 환경을 인식하여 정보를 획득, 처리하고 의사결정을 하는 지적 기반으로서의 지식(미래 예측 능력, 다양한 업무적 지식, 경영 프로그램, 업계 특성에 관한 전문지식 등)
- 고객에 대한 지식
- 기업 간 제휴에 기반을 둔 지식의 공유, 공동 창출되는 새로운 지식

2 데이터, 정보, 지식, 지혜

우선 지식을 이해하는 과정에서 정보와 지식은 혼동하기 쉬운 개념이다. 그래서 사실, 데이터, 정보, 지식, 지혜 / 지성이라는 5가지 차원에서 비교·검토하여 지식의 개념에 대해서 살펴보기로 하자.

사실(fact)은 객관적으로 실재하거나 일어난 일을 가리키며, 이러한 사실이 객관적 실재로 기호 또는 수치화한 것이 데이터이다. 데이터(data)란 어느 상황에서 다른 것들과는 관계없는 항목이나 일을 나타낸다. 즉 데이터는 현실세계에서 일어난 사건들에 대한 단순한 사실에 불과한 것으로 그 자체로는 현실에 대한 사실 전달 이외의 의미는 지니고 있지 않다.

이에 대해서 정보(information)는 데이터, 혹은 다른 정보들 사이의 관계에서 드러난다. 즉 정보라는 것은 사실에 대한 데이터를 수집하거나 정리하여, 데이터 간에 어떤 관계가 있는가를 분석하는 것에서 창출되는 것이다. 정보의 가치는 바로 지식으로 전환될 수 있는 잠재성에 좌우된다. Peter Drucker(1999)는 정보를 관련성과 목적을 갖춘 데이터라고 정의하였으며, Davenport & Prusak(2000)은 데이터는 그것을 창조한 자가 의미를 부여할 때 비로소 정보가 된다고 하였다.

그렇다면 어떻게 정보가 기업이나 개인의 능력을 향상시킬 수 있는 지식으로 전환될 수 있는가? 지식(knowledge)이라는 것은 창조된 정보가 일정한 규칙으로 정리됨으로써 데이터베이스가 되고, 이 데이터베이스를 공유하고 활용함으로써 새로운 부가가치를 창출하게 되는 것을 의미한다. 그래서 지식은 많은 정보 중에서 이용자의 목적에 부합할 뿐만 아니라, 부가가치를 창출할 수 있다는 것도 포함한다.

Davenport & Prusak(2000)은 지식을 일정한 틀을 갖춘 경험, 전후관계에 대한 정보, 새로운 경험과 정보를 평가하고 통합하는 구조를 제공할 수 있는 전문자적 식견이 한데 섞인 유동체라고 하였다. 예를 들어, 주식거래에 대한 방법을 알고 있고 증권시세표의 숫자를 읽음으로써 얻은 정보는 어떤 주식을 거래할 것인지에 대한 지식을 제공한다(천명중·허명숙, 2005).

지식보다 한 단계 위의 개념을 지혜(wisdom)나 지성(intelligence)이라고 할 수 있는데, 지식을 통해 원리를 깨달음으로써 계속하여 응용하는 것을 의미한다. 지혜나 지성은 지식축적과 함께 일정한 수준에 도달하여 미래의 어떤 문제를 예견할 수 있는 식견을 가지고 지식을 분별 있게 사용할 수 있는 상태라고 볼 수 있다. 예를 들어, 데이터를 분석하여 기저귀 판매와 맥주 판매가 상관관계를 갖고 있다는 것을 알게 되면 판매에 대한 패턴을 알게 된 것이므로 정보를 획득한 것이다. 기저귀를 구입하려고 슈퍼마켓에 간 남자들이 맥주를 같이 사가지고 오는 현상을 파악하여 기저귀 옆에 맥주를 진열한다면 정보를 의사결정에 이용하였으므로 지식으로 확대된 것이라고 할 수 있다.

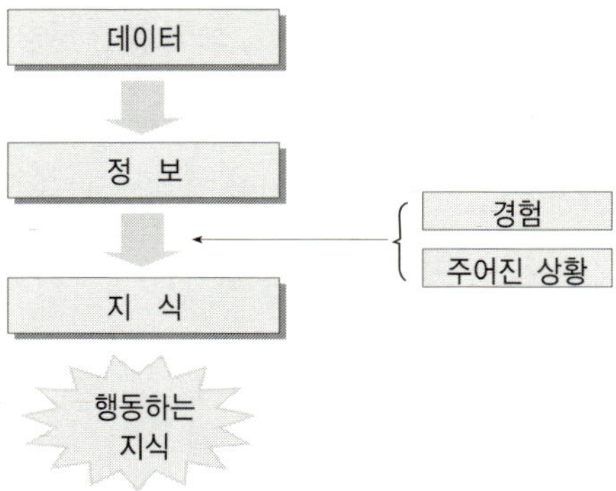

그림 2-1 데이터, 정보, 지식

3 지식의 특성

첫째, 지식자산은 자원의 유한성에 제약을 받지 않는다. 하드웨어인 자산과는 달리 지식자산은 자원으로써의 유한성에 제약을 받지 않는다. 공장이나 설비 등의 자산은 이동이 불가능한데 비해 지식자산은 지역이나 입지라고 하는 공간적인 제약을 초월하는 것이 가능하다.

둘째, 사용에 의해서 감소되지 않고 오히려 사용함으로써 증가한다. 즉 지식은 사용하면 할수록 증가하고 반대로 사용하지 않으면 감소해 버리거나 진부해져 버린다. 지식은 다른 사람에게 전달하더라도 없어지지 않는다. 오히려 지식은 가공, 유통의 프로세스를 통해 이익을 만들어 낸다.

셋째, 생산과 활용의 프로세스를 나눌 수 없다. 기존의 지식자산을 공유·활용함으로써 가치와 연결시킬 수 있다. 활용과정이 창조 과정과 함께 이루어질 수 있다는 것이 지식자산의 특징이다. 특정한 문제의 해결은 새로운 지식의 창조와 함께 이루어질 수 있다. 그러나 하드웨어적인 자산은 생산에 활용된다면 그 즉시 상각되거나 감소되고 만다.

넷째, 재생산이 가능하다. 정보도 재생산되지만 그것은 단순한 복사이지 어떠한 가치로 변환되는 것은 아니다. 이에 비해 지식 재생산의 경우에는 지식을 창조한 사람 혹은 보내는 사람의 의도한 구조가 그 지식을 받아들이는 사람의 내부에 의해 재구축되는 성질을 지닌다. 그것은 수신자에 있어서는 가치의 창조과정이 되고, 이와 같은 경로로 지식은 연쇄적으로 재생산되어 간다.

다섯째, 분할에 의해 가치 차원이 증가한다. 지식은 하드웨어와는 다른 속성을 지닌다. 하드웨어는 무엇인가의 척도로 표시되어 그 가치는 그 수에 의해 결정된다. 그러나 지식은 분할함으로써 새로운 가치를 생성한다.

여섯째, 한명이 지식을 이용하나 100명이 지식을 이용하나 원가가 같다.

일곱째, 공간이나 시간의 제약이 없다.

여덟째, 지식을 창출하는데 초기비용이 높을 수 있겠으나 사용에는 추가비용이 거의 발생하지 않는다.

4 데이터와 정보의 차이

데이터는 어떤 상황에 대한 불연속적이고 객관적인 사실로서 사건이나 상황을 설명, 분석, 이해하는데 필요한 문자, 숫자, 기호의 단편적 조합으로 대개 업무처리의 구조적인 기록이라고 할 수 있다. 예를 들어, 주식 거래에 있어 특정 회사의 날짜별 주가와 거래량에 대한 기록은 데이터라 할 수 있다.

정보는 관찰이나 측정을 통해 수집된 데이터를 실제 문제에 도움이 될 수 있도록 해석하고 정리한 것을 의미한다. 주식 거래에서, 수집된 주가와 거래량에 대한 데이터를 차트로 정리하고 5일, 10일 이동 평균선과 비교하는 등 의사결정에 도움이 될 수 있도록 정리한 것이 정보이다.

데이터와 정보간의 차이가 있다는 것은 일반적으로 받아들여지고 있는 사실이다. 그러나 불과 수년 만에 우리들이 탐색할 수 있는 자료의 양은 우리가 상상할 수 있는 정도를 넘어 섰으며 이러한 양적 증가는 정보와 데이터간의 차이를 모호하게 하고 있다. 현실적으로 모든 사람들이 지나치게 많은 데이터와 충분치 않은 정보를 가지고 있게 된 것이다.

더욱 불행한 사실은 그 많은 자료들 중 우리가 필요로 하는 정보를 찾아내기가 그리 쉽지 않다는데 있다. 또 급변하는 환경 속에서 정보와 데이터의 라이프사이클이 줄어들게 되고 그에 따라 유효성이 감소되는 문제점을 노출하고 있다.

그렇지만 이러한 사실들이 더 이상 데이터와 정보를 구분할 필요가 없다는 것을 의미하지는 않는다. 현재 우리는 데이터, 정보 그리고 지식으로 이어지는 의미 확장의 단계를 통해 그 의미를 파악하고 있다. 즉 효과적이며 명확하게 경계를 구분함으로써 자료의 양적 증가에 비례하는 효과적인 정보의 생산을 가능하게 할 수 있는 것이다. 또한 탐색 가능성을 높이고 유효성을 높이기 위한 실질적 방법의 개발을 통해 생산성을 높일 수 있다. 그리고 더욱 중요한 것은 이런 과정을 통해 효과적으로 지식을 창출할 수 있는 기반을 마련할 수 있다는 것이다.

5 정보와 지식의 차이

정보와 지식을 혼용하여 사용하는 경우도 있으나, 이 둘 사이에는 분명한 차이가 있다. 정보는 하나의 차이를 만들어내기 위한 다수의 차이점들로 구성되고, 사건이나 대상을 해석하기 위한 또 다른 견해를 제공하며, 이전에는 볼 수 없었던 의미를 찾을 수 있게끔 한다. 따라서 정보는 지식을 구체화하고 구축하기 위한 매체이면서 재료라고 할 수 있다.

이러한 정보와 지식의 차이점을 비교해보면 다음과 같다.

첫째, 지식은 단순한 정보와 달리 믿음이나 약속에 관한 것이라는 점이다. 지식은 특정한 자세, 전망, 의도의 기능을 갖고 있다.

둘째, 지식은 정보와 달리 행위에 관한 것이다.

셋째, 지식은 의미에 관한 것이다. 지식은 내용 지향적이며 상관관계를 가지고 있다.

이처럼 정보와 지식의 차이점은 분명히 존재하지만, 이 둘은 상호작용을 통해 새로운 지식창조를 이끌어 낸다.

지식은 정보가 자신의 경험과 주어진 상황에 결합되어 타당한 행동 기준으로 전환된 앎의 내용을 말한다. 주식 거래의 예에서 정보와 지식의 차이를 정리해 보자. 주식 거래에서 주가와 거래량에 대한 기술적 분석에 도움이 되는 정보를 제공받는다 하더라도, 그 정보만으로는 투자에 대한 의사 결정을 바로 내리기는 쉽지 않다. 기술적 분석 자료와 더불어 투자자 자신의 과거 투자 경험과 주식시장을 둘러 싼 정치, 경제, 사회적인 상황을 같이 고려해야만 올바른 투자를 할 수 있는 것이다.

표 2-1 지식과 관련된 용어의 개념

용어	개념
사실(fact)	객관적인 실재
데이터(data)	사실을 반영하여 전달할 수 있도록 기호화, 체계화한 것
정보(information)	목적지향적인 데이터 또는 의미있고, 가치있고, 유용한 데이터들의 집합체
지식(knowledge)	미래에 사용하기 위해 정보를 집적하고 체계화하여 보편성을 갖도록 한 것
지혜(wisdom)	추론 및 문제해결을 할 수 있는 지적 능력

이렇듯 외부에서 수동적으로 주어진 정보를 자신의 경험과

주어진 상황에 따라 주체적으로 가공, 재구성, 축적하여 행동 판단의 기준으로 삼는 앎의 내용을 지식이라 할 수 있다. 이러한 지식은 행동으로 옮겨져 유용한 가치 창출로 이어질 때 지식으로서의 의미가 부여된다. 즉 행동하지 않는 지식은 지식이라 볼 수 없는 것이다.

Memo

Chapter 03

지식과 지적자본의 분류

조직 구성원 개개인이 가지고 있는 지식을 조직의 지식으로 확대하고 제품과 서비스의 개발, 고객 서비스의 증대, 업무방식, 조직구조, 경영관리의 체질을 전환시키는데 지식경영이 연계되어야 한다. 지식의 유형을 파악하고 이를 조화하고, 이용할 수 있는 방법을 모색하는 것이 지식을 정확하게 정의하는 것보다 더 중요하다. 기업의 환경, 철학, 전략, 문화 등에 따라 지식을 정의하는 방법이 다르겠지만 지식경영의 목표에 따라 지식이 정의되고 파악되어야 한다.

1 지식의 분류

일본의 지식경영 학자인 노나카 이쿠지로(Nonaka Ikujiro)는 지식의 분류에서 '암묵지'와 '형식지'라는 개념을 소개하고 이를 이용한 지식창출의 방법론을 도출했다.

암묵지(暗黙知 : Tacit Knowledge)란 극도로 개인적인 것이며 공식화되기도 힘들고, 다른 사람들과 교환하거나 공유하기도 어렵다. 주관적인 통찰력·영감·직감 같은 것이 이 지식의 범주에 속한다. 또한 암묵지는 한 개인의 행동과 경험, 사상, 가치, 감정 등에 깊숙이 뿌리내리고 있다. 엄밀히 말하면 암묵지는 두 개 분야로 구분할 수 있다.

하나는 기술적인 분야로 비공식적이고 구체적으로 설명할 수 없는 기술이나 기능, 노하우 등을 포함한다. 예를 들어, 숙련된 기능공은 오랜 경험을 바탕으로 손끝으로 부를 창조하지만 자신이 알고 있는 것들의 이면에 숨겨져 있는 과학·기술적 원칙을 정확히 구사할 수 없는 경우가 많다. 다른 하나는 인식론적 분야로 도식·정신적 모델, 신념 인식 등으로 구성된다. 이 분야에는 실재에 대한 이미지와 미래에 대한 비전을 반영하고 있다.

이와는 달리 형식지(形式知 : Explicit Knowledge)는 단어나 숫자 등으로 표현할 수 있으며 특히 데이터, 과학 공식, 규격화된 절차, 보편적인 원리 등으로 소통되거나 공유될 수 있는 종류의 것이다. 따라서 지식은 컴퓨터 코드, 화학공식, 일반화된 원칙

등과 동일한 개념으로 볼 수 있다.

형식지와 암묵지를 구별해보면, 형식지는 컴퓨터로 손쉽게 처리하여 전자적으로 전송하거나 데이터베이스에 저장될 수 있지만, 암묵지는 주관적이고 감각적인 속성으로 인해서 체계적이거나 논리적인 방법으로 처리·전송하는 것이 불가능하다. 이러한 암묵지를 기업 내에서 교환·공유하기 위해서는 이를 누구나 이해할 수 있는 말이나 숫자로 전환시킬 수 있어야 한다. 이처럼 암묵지를 형식지로 전환하거나, 암묵지로 되돌리는 과정에서 기업 지식이 창조된다.

표 3-1 암묵지와 형식지

분류기준	암묵지	형식지
정의	언어로 표현하기 힘든 주관적 지식	언어로 표현 가능한 객관적 지식
획득	경험을 통해 몸에 밴 지식	언어를 통해 습득된 지식
축적 전달	◦ 은유를 통한 전달 ◦ 다른 사람에게 전이하기가 어려움	◦ 언어를 통한 전달 ◦ 다른 사람에게 전이하는 것이 상대적으로 쉬움
예	자전거타기	컴퓨터 매뉴얼

Nonaka에 따르면 지식은 매뉴얼, 책, 강의 등을 통해서 반드시 습득되거나 훈련될 수 있는 것이라는 믿음 대신 지식의 보다 덜 형식적이고 체계적인 측면에 관심을 기울여 주관적 통찰력, 자각, 은유, 이미지, 경험 등을 통해 얻을 수 있는 직감 같은 것에 관심을 기울여야 한다고 주장하고 있다. 이는 도식화되어

있는 형식지가 아닌 개인들이 가지고 있는 암묵지의 표출과 공유를 통해 새로운 지식의 창조를 이룰 수 있다는 것이다.

[그림 3-1]에서 보는 것처럼 Nonaka는 지식의 대표적 두 가지 유형인 암묵지와 형식지가 공동화(사회화), 표출화(외부화), 연결화(종합화), 내면화라는 4가지 단계를 반복적으로 거치면서 개인의 지식이 조직차원의 지식으로 변환된다고 하였다.

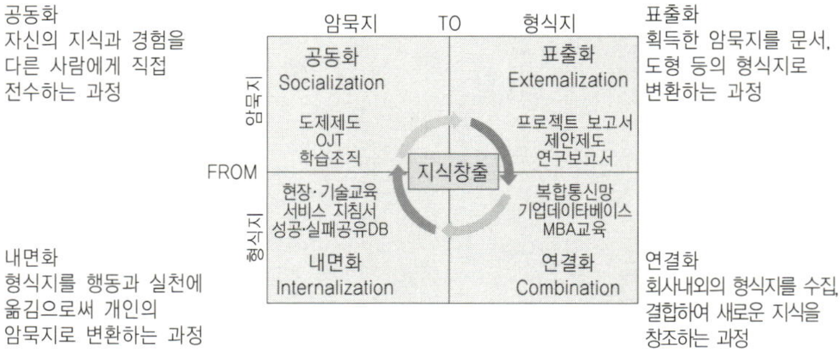

그림 3-1 Nonaka의 지식창조 변환과정

1) 공동화·사회화(socialization)

- 회사 외부에서의 암묵지 획득 : 공급자와 고객과의 공동체험(직접 경험)
- 회사 내부에서의 암묵지 획득 판매 및 제조 현장, 사내 각 부문에 파견되어 공동 체험
- 암묵지의 축적 : 획득한 지식과 정보에 대한 프로세스
- 암묵지의 전수·이전 프로세스 : 언어화되지 않은 아이디어나 이미지를 사내외에 직접 이전

공동화는 경험을 공유하여 정신모델이나 기술 등의 암묵지를 창조하는 과정을 말한다. 개인은 언어를 사용하지 않고도 다른 사람들에게서 직접 암묵지를 체득할 수 있다. 예를 들어, 견습공은 숙련공과 함께 일하는 동안 말을 통해서가 아니라 관찰과 모방 연습 등을 통해서 숙련도를 터득해간다. 이렇듯 암묵지를 얻기 위한 중요한 열쇠는 경험이다.

2) 표출화·외부화(externalization)

- 자신의 암묵지 표출 : 언어, 개념, 도형, 형태화
- 암묵지로부터의 형식지로의 전환 : 고객 및 전문가 등 암묵지를 구현하여 이해하기 쉬운 형태로 변환

암묵지를 구체적인 개념(형식지)으로 구성하는 과정을 표출화 과정이라고 한다. 이 과정은 지식창조의 필수적인 과정으로 이 과정을 통하여 암묵지가 구체화되고, 은유, 유추, 개념, 가정, 모델 등이 형태를 잡아가게 된다. 글을 쓰는 것은 암묵지를 형식지로 전환하기 위한 동작에 해당한다. 지식전환의 표출화 과정은 개념 창조과정에서 주로 볼 수 있으며 대화나 집단적인 사고를 통해 시작된다.

3) 연결화·종합화(combination)

- 하나의 지식은 또 다른 지식을 창조

- 새로운 형식지의 획득·통합 : 형식지화된 지식 혹은 공표된 데이터를 사내외로부터 수집, 결합하는 프로세스
- 형식지의 전달·보급 : 프레젠테이션, 회의 등 형식지 자체를 전달·보급하는 프로세스
- 형식지의 편집 : 형식지를 이용 가능한 특정 형식으로 편집·가공하는 프로세스

연결화는 개념을 체계화하여 지식체계로 전환하는 과정을 가리킨다. 이 과정의 지식전환에는 다른 형태의 형식지들을 결합하는 과정이 포함된다. 개인들은 문서, 회의, 전화, 컴퓨터 통신망 등을 통하여 정보를 교환하거나 결합한다. 형식지를 분류, 추가, 결합하는 방법으로 기존 정보를 재구성하여 새로운 지식을 창조한다.

정보의 공유는 곧 서로에게 발전이 있게끔 한다. 좋은 정보일수록 나누면 곧 자기발전을 가져오는 것이다. 즉 객관화된 지식은 또 다른 객관화된 지식을 창출하고, 연결고리를 통해서 더 발전하는 것이다. 어떻게 보면 연결화 과정은 지식의 응용이라고 할 수도 있다.

4) 내면화(internalization)

- 행동 및 실천을 통한 형식지의 체화 : 전략, 혁신, 개선에 관한 개념과 기법을 구현하기 위한 직무교육 등을 통한 체득과정

- 시뮬레이션·실험에 의한 형식지의 체화 : 가상의 상태에서 새로운 개념과 기법을 실험적으로 의사체험 및 학습하는 프로세스

내면화란 형식지를 암묵지로 전환하는 과정이다. 이 과정은 실천을 통한 학습과 밀접한 관련이 있다. 공동화, 표출화, 연결화 과정을 통해 얻은 경험이 공유된 정신모델이나 기술적 노하우의 형태로 개인의 암묵지로 변화할 경우, 이는 매우 가치 있는 자산이 된다. 즉, 기업에서 지식 창조는 암묵지와 형식지가 상호작용한 결과로 얻어지며, 상호작용은 지식전환의 여러 단계를 거치면서 형성된다.

공동화 과정은 주로 상호작용의 장을 마련하는 데서 출발한다. 이 과정을 거치면 구성원들의 경험과 정신모델을 공유하는 것이 훨씬 쉬워진다. 표출화 과정은 의미 있는 대화나 집단적인 사고활동을 통해 시작되는데, 이 때 적당한 은유나 유추는 팀 구성원들이 숨겨진 암묵지를 파악하는데 도움을 준다. 연결화 과정은 새롭게 형성된 지식과 기존 지식을 네트워크처럼 연결하여 이를 새로운 제품이나 서비스, 경영, 시스템이라는 결정체를 생성시킨다. 이렇듯 실천을 통한 학습은 내면화 과정을 출발시킨다.

2 지적자본의 분류

1) Annie Brooking의 분류

기업이 미래에 필요한 지적자산과 현재 보유하고 있는 지적자산의 격차를 파악하고 이를 극복하기 위해서는 지적 자본(Intellectual Capital)을 측정하는 것부터 출발해야 한다.

Annie Brooking(1997)은 지적자본을 유형 자산의 상대적인 개념, 즉 모든 무형 자산을 일컫는 것으로 정의하였다. 그리고 지적 자본은 시장 자산, 인간 중심 자산, 지적 소유 자산, 인프라 자산 등 4가지 자산으로 분류하였다.

(1) 시장 자산 : 회사가 시장을 통하여 수익을 창출하는데 필요한 모든 자산을 총칭한다. 시장 자산은 기업에 차별화된 경쟁우위를 제공하는 지식자산의 핵심요소이며, 서비스, 브랜드, 고객 규모 및 고객충성도, 명성, 수주 잔고, 라이선스 계약, 유통경로 등의 경쟁우위확보에 도움을 주는 모든 자산을 포함한다.

(2) 인간 중심 자산 : 조직구성원에 의해 구현되는 집단적 전문기술능력, 창조적인 문제 해결 능력, 리더십, 기업 및 경영기술 등을 총망라하는 개념이다. 교육수준, 자격증, 업무수행 지식, 업무수행 능력 등이 인간중심 자산의 대표적인

예이며, 극단적인 상황 등 특수한 경우에 개개인이 어떻게 행동하는지를 보여 주는 지표나 심리 측정 데이터도 포함한다.

(3) 지적 소유 자산 : 노하우, 기업비밀, 저작권, 특허 및 다양한 상표권, 컴퓨터 소프트웨어, 디자인권 등이 포함된다.

(4) 인프라 자산 : 조직체가 기능하는 데 필요한 기술, 방법론, 그리고 절차를 의미한다. 이는 직원과 업무 프로세스를 유기적으로 연결하여 조직체를 유지·강화시키는 한편, 업무 효율을 높이는 토대가 될 뿐만 아니라 지식공유의 장을 마련한다. 기업문화, 위험을 측정하는 방법론, 판매능력 관리방식, 재무구조 등이 인프라 자산의 예이다.

2) Thomas Stewart의 분류

'지적자본'의 저자인 Thomas Stewart(1997)는 좀 더 제한적인 개념으로 지적자본을 인적 자본, 구조적 자본, 고객 자본 등의 3가지로 분류하였다.

(1) 인적 자본 : 기업 조직을 구성하고 있는 구성원의 지식, 노하우, 스킬, 가치관 등을 의미한다. 즉 종업원들이 임무를 수행하는데 필요한 혁신적 능력, 기업문화, 기업의 가치 및 철학 등이 포함되며, 이러한 인적자산은 개인의 지식이

기 때문에 기업이 소유할 수 없다.

(2) 구조적 자본 : 인적 자본을 확대 재생산하는 조직의 체계 및 프로세스로서 조직 내에 고유하게 형성된 노하우, 역량 등을 말한다. 즉 기업이 보유한 하드웨어, 소프트웨어, 데이터베이스, 조직구조, 특허, 등록상표 등 조직의 능력으로서 종업원들이 퇴근한 다음에도 조직에 남아 있는 지식자산을 의미하고 기업은 이를 소유하고 거래할 수 있다.

(3) 고객 자본 : 사업 고객과의 관계에서 발생하는 가치로서 기업이 제공하는 제품 및 서비스에 대한 고객의 가치 인식, 고객의 니즈 등에 관한 정보를 의미한다. 즉 고객과의 관계로부터 창출되는 지식자산으로 고객의 만족도, 브랜드 인지도, 고객과의 거래 범위 및 거래 빈도, 고객충성도 등을 포함한다.

3) Sveiby의 분류

Sveiby(1997)는 지식자산을 내부적 구조자산, 외부적 구조자산, 개별적 능력자산 등으로 나누고 있다.

(1) 내부적 구조자산 : 내부적 구조는 특허, 컨셉, 컴퓨터시스템들로 구성되며, 고용자에 의해 창조되고 조직에 의해 소유되는 문화 또는 정신이 일반적으로 내부적 구조자산에 속한다.

(2) 외부적 구조자산 : 고객과 공급자의 관계, 브랜드, 트레이드 마크, 명성 또는 이미지 등으로 구성된다.

(3) 개별적 능력자산 : 다양한 상황에서 행동하는 사람의 능력을 의미하며 기술, 교육, 경험, 가치, 사회적 기술이 포함된다.

4) Edvinsson & Sullivan의 분류

Edvinsson & Sullivan(1996)은 지적자본을 지식자산(knowledge capital), 비재무적 자산(non-financial asset), 비물질적 자산(immaterial asset)과 동일하게 취급하고 있다. 그리고 이러한 지적 자산을 인적 자산과 구조적 자산의 결합으로, 구조적 자산은 고객 자산과 조직적 자산의 결합으로, 조직적 자산은 다시 혁신 자산과 과정 자산으로 이루어진 트리 구조의 지적 자산 분류를 제시하고 있다[그림 3-2 참조].

(1) 인적 자산 : 기업의 임직원들이 업무수행을 위해 가지고 있는 지식, 기술, 능력의 결합물을 말한다. 임직원들이 공유하는 기업의 경영철학, 가치관 등 문화적인 요소도 포함된다.

(2) 고객 자산 : 고객과의 관계 등이 포함된다.

(3) 조직 자산 : 기업의 조직시스템, 프로세스, 조직지식 등이 포함된다.

(4) 혁신 자산 : 신제품 및 서비스 개발능력 등이 포함된다.

(5) 과정 자산 : 업무제조, 유통프로세스 등이 포함된다.

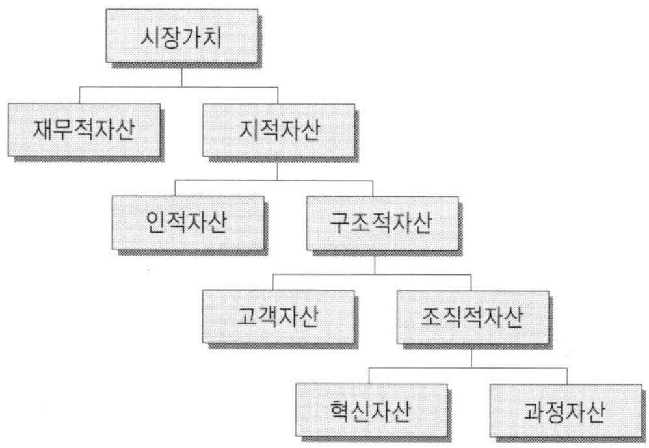

그림 3-2 지식자산의 분류

Chapter 04

지식경영의 이해

지식경영은 새로운 경영스타일이자 경영패러다임이며 그 자체가 하나의 경영혁신이라고도 할 수 있다. 지식경영이라는 새로운 경영패러다임은 본질적으로 미래사회가 지식중심의 사회가 될 것이라는 예측에 의해서 비롯되었다. 미래사회에서 기업이나 조직이 살아남아 지속적으로 발전하기 위해서 과연 무엇을, 어떻게 경영해야 하는가에 대한 답을 제공하고 있는 것이다.

지식경영은 감당할 수 없을 정도로 쏟아져 나오는 많은 정보 중에서 과연 어떤 정보가 가치 있는 것인가를 결정하는 것에서부터 비롯된다. 그리고 이렇게 창출된 지식을 단순히 가지고만 있는 것이 아니라, 축적된 지식을 합리적이고 효율적으로 관리하여 필요시 언제든지 활용할 수 있도록 시스템화하여 부가가치를 창출할 수 있도록 구체적인 대안을 제시하여야 한다.

그리고 기업 내에 지식이 끊임없이 획득, 창출, 축적, 공유되도록 하고 이를 바탕으로 고객에게 뛰어난 가치를 제공함으로써 높은 재무적인 성과를 달성하는 것도 지식경영의 목적에 포함된다.

자신이 아는 것을 체계화할 때 비로소 그 지식은 대중적 상품화의 가치를 가지게 된다. 책이 상품적 가치를 가진다면 글로 표현되지 않은 머릿속의 지식은 상품성이 떨어진다고도 할 수 있다.

자신의 지식을 남에게 알리게 되면서 얻는 마케팅 효과와 자신의 지식을 남에게 전달하면서 나에게 손해라고 느끼는 것을 비교해 보면 전자가 더 큰 효과를 발휘함을 알 수 있다. 아울러 자신이 점차 남으로부터 더 많은 지식 창출의 부담감도 느끼게 됨을 알게 된다. 지식경영은 이러한 과정에서 발아하는 것이며 지식 활용 시너지의 효과가 조직 전반에 걸쳐 문화화되고 보이는 모습만이 아닌 느끼고 깨닫고 전달하는 과정과 지적 충돌이 일어나는 과정에서 보다 경쟁력있는 조직으로 바뀌는 것이라 생각된다.

자신을 끊임없이 발전시키려 하는 사람에게 있어서는 지식을 공유하고 남에게 배우는 것 또한 기쁨이 되어야 하고 그러한 과정 속에 조직이 활력을 가질 수 있어야 한다. 경영혁신이라는 측면에서 본다면 최고경영자의 참여는 절대적이다. 물론 최고경영자가 지식경영에 대한 확신과 정확한 이해를 필요로 한다. 대략적인 이해나 불필요한 산출물을 모으는 것으로 보아서는 안 된다. 아울러 최고경영자 역시 지식경영 과정에서 학습을 즐길 줄 아는 관리자가 되어야 한다.

이처럼 지식경영은 비즈니스 세계에서 기업이 지속적으로 경쟁력을 유지하고 영속성을 보장하기 위한, 즉 기업의 생존을 위해 조직 구성원의 경험, 노하우 등을 체계적으로 습득하고 공유하는 과정이라고 할 수 있다.

1 지식경영의 개요

1) 지식경영의 개념

지식경영의 개념에 대해서는 연구자들마다 다양한 견해를 가지고 있는데 주요한 내용들을 살펴보면 다음과 같다.

- Nonaka Ikujiro : 조직적 차원에서의 지식은 물론, 개인의 지식을 체계적으로 발굴하여 기업 내부에 축적·공유하고, 이 지식을 기업의 경쟁력 제고를 위해 활용하는 것. 지식이론 또는 인식론의 틀에 입각한 암묵지(Imlicit Knowledge)와 형식지(Explicit Knowledge)의 역동적인 상호작용을 전제로 하

여 개인, 집단 나아가 조직수준에 이르는 조직 전체의 지식창조 프로세스

- Gartner Group : 기업의 지적 자산을 생성, 채집, 구조화, 접근 및 사용을 하기 위한 관리방법론으로 데이터베이스, 문서, 업무규정 및 절차뿐만 아니라 직원들 머리 속에 담아 있는 전문지식이나 경험들까지 포함하는 것

- Yogesh Malhotra : 예측할 수 없을 정도로 급격하게 변하는 경영환경 속에서 기업의 생존과 경쟁력을 갖추게 하는 경영으로 정보기술에 의한 데이터 및 정보의 가공능력과 인간의 창조적이고 혁신적인 능력을 통합해서 가치창조의 극대화를 추구하는 기업의 조직적 프로세스

- Whittmann Hart : 조직의 지식을 비즈니스 문제 해결을 위해 적시에 주어진 환경에서 필요로 하는 사람에게 제공하는 것

- Karl M. Wiig : 지식을 개발, 전달, 결합 및 통합하는 프로세스

- Paul S. Myers : 지식을 경쟁자보다 보다 효과적이고 신속하게 획득, 변경 및 변화시키는 프로세스

- 포스코 경영연구소 : 조직이 지니는 지적자산뿐 아니라 개개인의 지식이나 노하우를 체계적으로 발굴하여 조직 내부의 보편적 지식으로 공유하고, 이의 활용을 통해 조직 전체의 경쟁력을 향상시키는 경영이론

이상과 같이 일반적으로 논의되는 다양한 지식경영의 정의를 저자가 종합적으로 정리해보면, "지식경영이란 기업을 포함해서 조직이 보유하고 있는 다양한 정보로부터 지식을 창출하고, 이렇게 창출된 지식 자산을 획득, 활용, 도입, 전이 등의 모든 과정을 시스템화하여 활용 가능한 형태로 만들며, 이를 토대로 기업 및 조직의 부가가치를 창출하고 경쟁력을 확보하려는 경영혁신 활동" 이라고 할 수 있다.

지식경영을 좀 더 자세히 이해하기 위해서는 지식경영과 정보경영에 관한 개념적 구분이 필요하다. 지식경영은 혁신에 대한 정보의 공유와 강화를 위해 기술을 활용하는 경영기법이며, 정보경영은 정보의 수집, 저장 및 제어를 위해 기술을 활용하는 기법이다. 다시 말해서 지식경영은 정보의 수집, 분산 및 재사용과 관련된 것에 초점을 두고 인적 상호작용을 강조하는 것이나, 정보경영은 기술적인 측면을 강조한 것으로 볼 수 있다.

표 4-1 지식경영과 정보경영의 차이점

구분	지식경영	정보경영
초 점	명시적 정보 및 암시적 정보	명시적 정보
정보원천	단일	다양
관 리	사용자 중심	전산실 중심
핵 심	협업과 공유	저장
관 심	정보의 관계 및 요구사항	정보의 수집, 분류, 분산
접근방법	용이한 발견을 위한 시각화	정의된 질의어
결 과	부가가치 창출	핵심 데이터 관리
지 향 점	혁신을 위한 생산	업무효율을 위한 생산성

2) 지식경영에서의 지식

지식경영에서는 모든 지식을 대상으로 지식경영을 추구하는 것은 아니다. 지식경영에서 추구하는 지식은 조직에 가치가 있는 지식이어야 한다. 예를 들어, 청소를 탁월하게 할 수 있는 방법은 개인적으로 볼 때는 분명히 지식에 속한다. 그러나 청소를 탁월하게 하더라도 기업의 성취도를 높일 수 없다면 조직에 필요한 지식은 아닐 것이다. 따라서 사용되었을 때 효과를 발휘하는 지식을 대상으로 지식경영이 이루어져야 한다.

고객과의 밀접을 추구하는 기업에서는 고객을 만족시킴으로써 고객충성도를 증가시키고, 시장 점유율을 확대하고, 마케팅과 판매비용을 감축해야 한다. 이에 따라 고객의 욕구를 파악하여 대응하는 것을 더 신속하고 정확하게 할 수 있는 부문이 지식경영의 근본대상이 되어야 한다. 고객과의 거래에서 성공한 상담사례와 같은 경험도 중요한 지식이 될 수 있다. 고객화된 제품과 서비스를 제공하는 방법이나 시장 세분화의 기법도 지식경영의 중요한 대상이다.

제품의 리더십을 추구하는 기업은 고품질의 제품으로 고객에게 가치를 제공해야 한다. 혁신적이고 고도화된 제품을 개발하는 능력이 지식경영의 근본대상이다. 운영상의 탁월을 추구하는 기업은 고객과의 거래에 관련된 비용을 최소화해야 한다.

제품과 서비스를 제공하는 비용을 축소하기 위하여 Best Practice를 연구하는 벤치마킹, 공급과 유통비용을 축소하기 위한 JIT(Just-In-Time) 등이 지식경영의 중요한 대상이다.

그렇다면 이러한 지식경영의 지식이 공통적으로 가져야 하는 특성은 무엇일까? 브래머와 윈슬로는 그들의 저서인 'Future Work'에서 다음과 같이 언급하고 있다.

첫째, 지식은 응용할 수 있거나 실용적이어야 한다. 이는 지식은 전에 응용되어 왔던 특성들을 수반하는 정보이며 즉, 큰 노력 없이 곧바로 응용 가능함을 나타낸다.

둘째, 지식은 전후관계(contextual)가 있다. 지식은 그 자체로 창조되어 존재하는 것이 아니라 전후관계 속에서 특별한 단편적인 지식에 적절한 학습과 경험이 있을 것이다 라고 추정한다는 것이다.

셋째, 지식은 경험적인 것이다. 지식은 정보를 가지고 실생활의 문제에 실제로 부딪힘으로써, 그리고 이것을 테스트함으로써, 재정의함으로써 얻어지는 것이다.

넷째, 지식은 역사적인 것이다. 지식은 '기억을 지닌 정보' 즉,

역사를 가지고 있으며, 시간을 더하며 개발되어 왔고 토론되어 왔다는 것을 말한다.

다섯째, 지식은 공공적인 것이다. 이는 지식이 상호활동 안에서 공동으로 일을 행하는 방법, 말하는 방법, 신념, 가치를 개발하고 나누는 비공식적 집단을 실행의 공동체라고 하며, 이러한 조직체 안에서 대화를 통한 지식의 획득과 교환을 중요한 것이 되었다는 것이다.

여섯째, 지식은 개인적인 것이다. 학습은 행위 안에서 공동체 사람들과의 상호작용 안에서 발생한다. 그러나 마지막에도 지식은 일을 수행하는 근로자의 생활 안에서 차이점을 만들어야 한다는 것이다.

3) 지식경영의 등장 배경

지식경영은 어느 날 갑자기 만들어진 신 경영기법이나 사상이 아니다. 지식경영은 기업이 점차 거세지는 무한 경쟁환경 하에서 생존하고 발전하기 위해 스스로 만들어낸 지극히 실천적인, 그러나 각자가 오랜 기간 나름대로 정교하게 갈고 다듬어 왔기에 쉽게 적용하기가 어려운 특징을 가진 경영 사상이자 기법이라 할 수 있을 것이다.

그러므로 20세기의 경영사상이나 기법들이 어떻게 생성되어 지금의 지식경영으로 이어져 왔는가를 이해한다면 지식경영이 왜 기업 내에 반드시 체질화되어야 하는가를, 그리고 어떻게 하면 실천적인 기법으로 활용할 수 있는가를 이해할 수 있을 것이다.

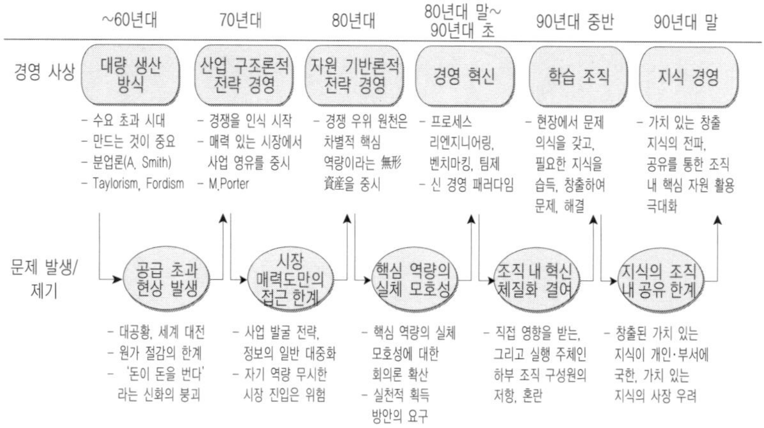

그림 4-1 20세기 경영의 흐름

Peter Drucker는 21세기를 지금까지의 산업화 시대와는 성격이 완전히 다른 경영환경의 급격한 변화, 끊임없는 신기술의 등장, 심화되는 경쟁 환경 등으로 특징지어지는 초경쟁환경(Hyper Competition)으로 정의하고, 이러한 환경에서 생존하기 위한 필수 요소로서 지식의 중요성을 강조하였다. 그는 정보의 다양성과 방대함이 존재하는 오늘날의 사회를 '지식사회'라고 표현하고 정보와 지식의 중요성에 대하여 강조하였다.

또한 새로운 경제에 있어서 지식은 전통적인 생산요소로서의 노동, 자본, 토지와 같은 단순한 자원이라기보다는 오직 하나의 '의미 있는 자원' 혹은 '유일한 자원'이라고 강조하면서 오늘날 국가와 기업의 경쟁력과 생산력은 토지와 공장, 설비 등 하드웨어형 자산보다 지적능력과 서비스 능력 등 소프트웨어형 자산에 달려있다고 하였다. 특히 대부분의 제품과 서비스의 가치는 지식을 바탕으로 하는 보이지 않는 지식자원, 즉 노하우, 제품설계, 마케팅 기법, 고객에 대한 이해, 개인의 창조성, 조직의 혁신정도 등에 의해 좌우되기 때문이다.

국내에서 지식경영이 관심을 집중시킨 것은 IMF 경제위기 상황의 거의 막바지 무렵 많은 인력이 회사를 떠나고 난 이후였다. 조직의 인력 이동이 매우 심하게 나타나 인적자원이 떠나게 되면 그가 갖고 있던 지식자원도 함께 떠나가고 기업의 지적자원이 소실된다는 관점에서 지식경영의 중요성이 대두되었다. 이러한 문제의식에 따라 정보기술을 활용하여 지식의 조직적 관리와 공유를 지원할 수 있도록 하기 위해 지식관리시스템이 출발하였다고 할 수 있다. 즉 조직내외의 경영정보만이 아닌 인적자원이 소유하고 있는 지적 자산을 기업 내에 축적, 활용할 수 있도록 하자는 것이다.

정보기술 특히, 인터넷의 발달은 지식의 공유와 관리가 가능하도록 도와주고 있다. 웹 기반을 통하여 공간적으로 떨어져 있더라도 시스템을 통하여 지식을 공유, 관리할 수 있을 뿐 아니라 메일 등을 통해 필요한 자료의 전송이 가능하도록 지원되었다. 지식관리시스템은 이러한 정보기술을 활용하여 개인적인 차원의 지식공유와 관리가 아닌 조직적인 차원에서의 지식관리를 체계적으로 할 수 있도록 구축되었다.

4) 지식경영의 필요성

왜 지식경영이 갑자기 큰 관심사가 되었나? 고비용, 고임금, 고지가의 현상에서 신음하는 우리 기업에서는 지식자원을 이용하는 것이 글로벌 환경에서 경쟁력을 되찾기 위해 절실하기 때문일 것이다. 구체적으로 다음과 같은 이유들이 최근의 지식경영의 필요성을 제기하고 있다.

첫째, 비슷한 유형 자산을 갖고 있을지라도 지식과 같은 무형자산을 더 잘 활용하면 기업과 조직의 성과가 크게 차이날 수 있다.

둘째, 다운사이징이나 구조조정으로 지식을 갖고 있던 종업원의 이직이 늘어나게 되었다. 개인의 이직에 따라 개인이 갖고 있는 지식이 사라지게 되므로 이를 방지하기 위해서 개인이 갖고 있는 지식을 조직의 지식으로 승화시켜야 한다.

셋째, 정보기술에 대한 투자로 지식경영을 위한 인프라 환경이 갖추어졌다. 정보기술의 비용이 감축되고 더 편리해짐에 따라 정보기술의 이용이 생활화되고 있다. 특히 www의 등장은 지식의 인프라를 더욱 고도화 시켰다.

넷째, 한 곳에서 습득한 지식을 다른 곳에서 이용하지 못함에 따른 비효율을 제거하는 것이 필요하게 되었다. 즉 부문에만 존재하거나 개인이 갖고 있는 지식을 전사적으로 공유해야 한다.

다섯째, 새로운 문제에 대한 새로운 해결책의 고안이 필요하다. 환경의 변화, 기술의 변화, 고객니즈의 변화로 불연속성의 시대에 접어듦에 따라 기업의 업무방식도 새로운 형태로 전화되어야 한다.

여섯째, 이미 존재하는 지식을 다시 창출하는 것을 방지하기 위한 벤치마킹과 같은 기법들이 개발되었다. 기업 내의 다른 부문이나 다른 업체의 탁월한 업무방식을 배우는 Best Practice나 벤치마킹 방법론이 활성화되었으며, 벤치마킹을 전문적으로 수행하는 컨설팅 업체들도 존재하게 되었다. 이에 따라 지식의 공유나 전이를 체계적으로 수행할 수 있게 되었다.

일곱째, 정보화시대의 고객들은 풍부한 정보와 이에 따른 엄격한 기준을 갖고 제품의 서비스를 평가하고 있다. 고객은 자신이 갖고 있는 기준으로 이를 만족하는 제품과 서비스를 판단하게 되므로 수동적인 제품과 서비스의 판매에는 한계가 있기 마련이다. 고객에게 가치를 창출하는 경영이 이루어져야 하는데, 즉 제품이나 서비스를 제공하는 시대에서 고객에게 맞는 토털 솔루션을 제공하는 지식사회로 접어 든 것이다.

여덟째, 지식 노동자의 공동 작업이 필요하다. 단순히 고객과의 접점에서 상냥한 태도로 고객을 맞이하는 것 이상의 작업이 이루어져야 한다. 지식을 이용하여 원가를 감축하고, 스피드를 향상시키고, 고객 욕구를 더 정확하게 만족시키는 제반 활동들이 모두 개선되어야 한다. 이를 위해서는 주문처리에 관련된 마케팅, 판매, 생산, 구매, 유통, 개발부분들의 전사적인 협력이 필요하다.

아홉째, 기존 경영기법에 대한 보완 및 통합의 필요성이 요구되어진다. 과거의 경영혁신 운동은 실패로 끝나는 경우도 많이 발생했다. BPR과 같은 기법을 통해 시간절감을 이룩하더라도 시간절감이 수익으로 또는 비용절감으로 귀결되지 못하면 BPR은 실패한다. 즉 절감된 시간이 지식 공유로 전환될 수 있도록 하는 것이 필요하다. 따라서 지식경영이 다른 경영혁신 기법들과 병행되면 시너지 효과를 기대할 수도 있다.

2 지식경영의 구성요소

먼저 지식경영의 구성요소를 기술적 인프라 측면에서 살펴보면, ① 지식창출 지원기술로는 전통적인 정보시스템과 데이터웨어하우징(Data Warehousing), 데이터마이닝(Data Mining) 등이 있고, ② 지식저장 지원기술은 데이터베이스 관리시스템(DBMS)과 문서관리시스템(DMS) 등이 있으며, ③ 지식공유/협력작업 지원기술로는 인트라넷, 메타서버, 네트워크화 된 가상환경, 그룹웨어와 전자우편, 토론 데이터베이스 및 데이터 컨퍼런싱 등이 있고, ④ 지식검색 지원기술로는 GUI(Graphic User Interface) 등이 있다.

이상의 기술적 인프라는 이미 존재하거나 발전과정상에 있는 것들로서 비교적 도입하기가 쉽다. 또 많은 시스템 공급업자로부터 구입할 수도 있다. 문제는 이와 같은 기술적 요소보다 구성원들이 자신의 지식을 흔쾌히 내놓고 그것을 잘 활용할 수 있도록 하는 협력문화와 조직적 인프라가 선행되어야 한다는 점이다. 여기에서는 이런 경영 및 조직적 인프라를 중심으로 성공요인을 살펴보고자 한다.

Ernst & Young의 한 조사에 따르면, 지식경영 프로젝트는 70% 이상의 성공률을 보이고 있다. 이는 업무 프로세스 재설계(BPR)이나 전사적 품질관리(TQM)와 같은 변화 프로그램의 저조한 성공률과 비교할 때 그 시사하는 바가 크다. 이 조사에서 지식경영의 성공요인으로 여러 가지를 제시했으나, 기술적 인프라의 충분성은 제외되었다. 기술은 많은 시스템 공급업자들이 개발하고 있으며, 현재 이용 가능한 것으로도 충분하기 때문이다. 문제는 경영 인프라인데 지식경영의 방향을 어떻게 설정하고, 어떻게 사람으로부터 지식을 얻어낼 것인가, 그리고 어떻게 지식을 활용하도록 촉진할 것인가 하는 것이다.

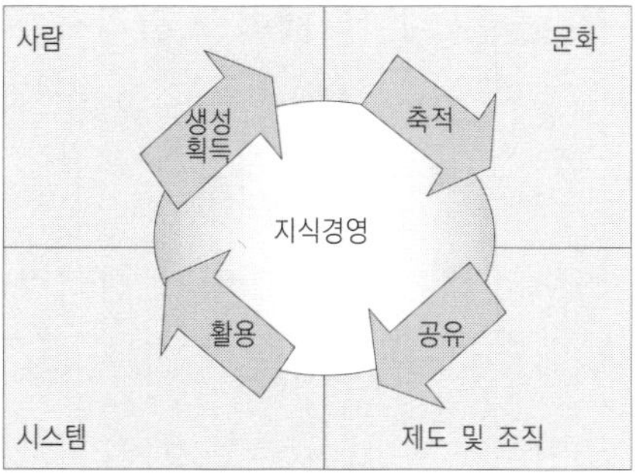

그림 4-2 지식경영의 구성요소

1) 전략적 요소

성공을 위한 경영적 인프라로서 첫 번째 요소는 '전략'이다.

회사의 전략이란 그 회사가 어떤 제품에 대하여 시장에서 경쟁 우위를 가지고 어떻게 승부할 것인가를 결정하는 것이다. 그러므로 경쟁력 강화를 통한 가치창출을 지향하는 지식경영은 경영전략과의 연동 하에 추진되어야 한다. 전략과 연동되지 못할 경우 지식경영은 방향성과 일관성을 상실하여 그 효과를 기대하기가 어렵다.

군인을 상대로 자동차보험을 제공하는 USAA(United Services Automobile Association)는 고객정보를 계량화하고 고객에 관한 총체적 지식을 개선하는 고객피드백 시스템을 구축하였다. 이러한 노력 덕분에 고객충성도(loyalty)는 크게 증대되었고 판매와 마케팅 비용은 대폭 삭감되었으며 이익은 증대 되었다. USSA는 고객과의 교섭력 강화를 위한 차별화전략과 연계한 지식경영시스템을 도입하여 전략적 효과를 실현한 것이다. 이런 의미에서 지식경영은 그 자체가 경쟁력 강화나 확보를 위한 하나의 전략이다.

지식경영 전문기관인 APQC(American Productivity & Quality Center)도 지식경영을 '경쟁력 강화를 위하여 지식을 파악하고 습득하며, 적극적으로 활용하는 전략 혹은 프로세스'로 정의하였다. 이러한 전략적 시각은 지식경영을 장기적 성장과 경쟁력 강화에 필수적인 요소로 인식한다.

현재 가장 광범위하게 추진되고 있는 지식경영전략은 업무를 개선하거나 새로운 제품과 서비스 창출에 지식을 활용하기 위하여 지식과 Best Practice를 전수하는 것이다. 이 전략은 지식의 획득, 조직화, 재구축, 저장 및 분배를 위한 시스템과 실행방법을 포함한다. 또한 학습조직, 네트워킹, 최상의 실행방법 센터, 학습교훈 등의 협력적 지식전달수단을 활용한다. 이와 같은 전략을 추구할 때 조직은 운영시간과 비용을 획기적으로 절감할 뿐만 아니라 매출을 증대하고, 고객의 욕구를 담은 지식을 효과적으로 획득할 수가 있다.

고객중심의 지식전략은 지식의 획득, 개발 및 전달, 고객의 요구, 선호도 및 사업 이해를 배경으로 추진된다. 이 전략의 결과는 매출 증대 뿐만 아니라 고객의 문제를 조직의 지식으로 도출해 내기도 한다. 따라서 이 지식경영전략은 고객으로부터 배우게 하며 고객의 요구를 보다 잘 이해하여 보다 효과적으로 고객의 요구를 충족시킬 수 있도록 해 준다.

전략이란 장기적인 상과의 획기적 향상을 추구하므로 단기적인 성과에 연연하기보다는 인내심을 가지고 꾸준히 추진하는 인내심을 요구한다. 특히 지식의 공유문화를 정착시키는 전략이 선행되어야 하므로 광범위한 도입방안을 전사적으로 추진하는 것보다 단계적으로 추진하는 것이 좋다. 먼저 주요 성공요인을 파악한 다음, 핵심적 분야에 한해 파일럿 영역(pilot area)을 중심으로 소규모로 시작하여 획기적인 성과를 보여주는 것이 중요하다. 그런 다음 지식경영에 관한 분위기를 확산시키면서 점차 단계적으로 확장하는 단계적 추진전략을 실행하는 것이 좋다.

2) 인적 요소

성공의 두 번째 요소는 '사람'이다. 지식을 효과적으로 관리하기 위해서는 사람을 중요한 조직적 자산으로 이해하여야 한다. 지식의 가장 중요한 원천은 사람이기 때문이다.

사람을 조직의 첫 번째 자원으로 인식해야 하는 이유는 다음과 같다.

첫째, 조직의 모든 구성원들은 자신의 일상생활에 있어 중대한 동기부여 요인으로서 장·단기 경영상의 임무를 잘 이해하고 있다. 조직의 발전이 자신의 행복과 직결됨을 인지하고 있는 것이다.

둘째, 구성원들의 지식 축적과 개인적 성장은 경영상 기술의 개선과 조직의 성공에 있어 중요한 요소로 공식적으로 인식되고 있다. 구성원들의 지식으로부터 가치가 창출됨이 인식되고 있는 것이다.

셋째, 각 개인은 훈련과 개발과정을 통해 학습경험을 축적하게 되므로 회사는 자기 발전적 학습을 지원한다. 개인의 학습이 곧 조직의 학습과 직결되기 때문이다.

넷째, 전문적인 인적 자원은 일선관리자와 함께 경영전략을 개발하는데 적극적인 역할을 수행한다. 추상적인 전략방향은 구체적인 실무지식과 결합될 때 올바로 정립된다.

다섯째, 경영층은 개인의 기술개발에 관한 비용을 사치가 아니라 필수불가결한 투자로 생각한다. 특히 조직은 구성원들이 업무를 떠나 조직내외에서의 주기적인 학습경험을 하도록 적극 지원한다. 지식기반경제시대에는 지식을 축적한 인력이 곧 핵심적 자원이기 때문이다.

그러면 어떻게 해야 지식의 원천인 사람이 자신의 지식을 주저 없이 공급할까? 전사적 참여를 통해 원활한 지식 축적 및 활용을 위해서는 조직 내에 지식경영의 분위기와 문화를 창달하는 것도 중요하지만, 무엇보다도 구성원들이 자신의 지식을 공유하고자 하는 마음과 자세를 갖도록 해야만 한다. 이를 위해서는 지식공유를 위한 동기부여가 필요하다. 구성원들에게 아무런 대가없이 지식을 공급하라고 요구하는 것은 지식경영을 하지 않겠다는 것과 같다. 사람들은 '지식은 힘이다' 라고 생각할 뿐만 아니라 지식창출은 어려운 일이기 때문에 보상없이 그것을 공유하려 하지 않을 것이다.

동기가 무엇이든 자기가 노력해서 얻은 지식과 노하우를 아무런 보상도 없이 내놓을 사람은 아무도 없다. 오히려 지식과 노하우만 빼앗기고 쫓겨날 수도 있다는 불안감으로 지식은 꼬리를 감추고 만다. 그러므로 사람들로부터 지식을 얻기 위해서는 확실한 동기부여가 필요한 것이다. 지식을 많이 만들어낸 사람, 다른 사람에게 지식을 많이 전달해 준 사람, 결국 조직의 가치창출에 크게 기여한 사람에게는 그에 상응하는 보상을 해 주어야 하는 것이 당연하다.

하나의 예로, 지식공유 건당 뷔페 식권이나 비행기 마일리지 혹은 상품권을 제공하는 등의 단기적인 보상을 제공할 수도 있다. 그러나 이런 것들은 지속적인 지식공유를 보장하지 못한다. 오히려 급여 인상이나 승진과 같은 장기적인 동기부여 방안이 지식경영을 성공으로 인도할 것이다.

대표적인 지식기업 맥킨지도 철저한 보상시스템을 갖추고 있다. 특히 맥킨지는 동료들로부터 전자메일을 가장 많이 받는 사람, 전화질문을 가장 많이 받는 사람, 인트라넷에 자신의 연구결과를 가장 많이 올린 사람이 높은 인사고과 점수를 받는다. 로터스사의 경우 인사고과의 25%를 지식공유부문에 할당하고 있으며, 버크만 연구소는 매년 100대 지식공유자를 선발하여 포상하고 있다. 이외에도 많은 지식기업들은 지식과 문제해결과정의 등록건수를 점수화하고 지식활용 빈도수에 따라 인사상의 특혜를 부여하기도 한다. 또 지식공유자에 대해서는 제안제도와 연결하여 포상을 하기도 하며 문제해결사례 지식의 활용을 위해 업무상의 동일한 실수를 허용하지 않고 있다.

지식경영시스템은 지식의 재사용을 기반으로 구현되는 시스템이므로 재사용이 전제되지 않는 지식경영시스템은 큰 의미가 없다. 따라서 축적된 지식 재사용과 관련된 새로운 보상시스템(인센티브제도)도 필요하다. 예를 들어, 직원들에게 지식경영시스템을 의무적으로 사용하도록 한다든가, 지식경영시스템에 제시되어 있는 실패사례와 동일한 유형의 실수가 발생할 경우 가중벌점을 적용할 수도 있다. 그러나 벌점보다는 지식의 활용 및 조직 기여에 대한 보상이 훨씬 나은 정책이다.

앞에서 지식공유에 대한 보상과 인센티브제도가 필요하다고 하였다. 이에 덧붙여 구성원들이 각자 소유하고 있는 지식을 공적인 영역(shared area)으로 이끌어내기 위해서 제안제도의 개선이 요구된다. 기존의 제안제도가 구조적이고, 형식적이었다면 유동적이고, 창의적인 제안제도로 변화해야 한다. 이를 위해 제안에 관한 객관적이고 충분한 평가 및 보상시스템을 구축하여야 할 것이다. 예를 들어, 접수된 제안에 대해서 창의성과 유효성을 감안하여 객관적으로 평가하고 무조건 1차적 보상을 한다. 그리고 그 제안이 채택되었을 때에는 그 효과를 평가하여 2차적으로 보상을 해주는 방법을 사용할 수 있다.

직원들에게 지식경영시스템의 유용성과 필요성을 인식시킬 수 있는 홍보 프로그램이 필요하고 직원들에 대한 지속적인 교육이 필요하다. 또한 지식관리의 기대효과, 추진단계 등을 임원급 직원들에게 전파하고 이들의 의견을 수집하기 위한 창구를 확보하고 운영해야 한다. 교육은 구성원들로 하여금 지식경영에 대한 이해를 증진시킬 뿐 아니라 막연한 불안감을 해소시켜 준다. 또한 이미 축적되어 있는 지식자본을 교육과정에 통합할 경우에는 교육을 통하여 구성원들의 지식수준을 향상시켜 주기도 있다.

3) 문화적 요소

가장 어려운 지식경영의 성공요인은 지식친화적 문화(knowledge-friendly culture)의 창달이다. 구성원들이 지식을 공유하고 싶어도 지식을 공유할 조직 문화와 분위기가 형성되어 있지 않으면, 아무리 잘 갖추어진 시스템과 기술도 무용지물에 불과하다. 따라서 사람들의 인식전환 및 보상시스템의 구축과 동시에 지식문화가 조성되어야 한다.

성공적인 지식기업은 대부분 긍정적인 지식문화를 가지고 있다. 긍정적인 지식 문화란 지적 호기심, 지식에 관한 토론 향유, 상부상조의 기쁨과 같은 문화와 구성원의 특성 구축을 말한다. 만약 불신풍조, 회사에 대한 원망, 태만한 작업분위기로 표현되는 부정적인 지식 문화가 만연하다면, 이는 반드시 개선되어야 한다. 그리고 지식프로젝트의 성격과 목표는 조직의 문화와 조화를 잘 이룰 수 있어야 한다. 지식친화적 조직문화는 곧 조직경영의 성공을 보장한다.

Ernest & Young은 지식확산의 최대 장애요인은 기존의 조직문화(54%)라고 조사결과를 밝혔다. 즉 지식친화적 문화를 창달한다는 것은 쉬운 일이 아닌 것이다. 우선 '지식경영만이 살 길'이라는 최고경영자의 강력한 의지가 표명되고 지속적으로 강조되어야 한다. 최고경영자의 의지표현은 중역들을 비롯하여 구성원들의 자발적인 참여를 유발할 분위기를 형성한다. 그리고 계획적인 교육, 캠페인 및 행사가 꾸준히 진행되어야 한다. 더구나 지금과 같은 사회전반적인 분위기 때문에 조직 문화가 부정적인 요소를 가지기 쉽다는 점을 감안할 때 인내를 가지고 지속적으로 지식친화적 문화 창달에 매진해야만 할 것이다.

4) 조직구조/프로세스 요소

미국의 Yogesh Malhotra는 조직의 환경적응성에 대해 '고객의 요구에 맞게 적절하게 일을 처리하는 것이 중요해지고 있다'라고 강조하였다. 급격한 환경변화와 고객의 요구와 취향에 유연하게 적응할 수 있는 기업이 바로 지식기업이며 이를 위한 경영패러다임이 지식경영인 것이다. 따라서 성공적인 지식기업은 고객의 관점에서 제품과 서비스를 창출할 수 있도록 지식의 공유와 활용이 가능하도록 조직구조와 프로세스를 재설계한다.

대표적인 조직사례가 스스로 문제점을 발견하고 이에 대한 해결책을 내부에서 스스로 창출하여 적용하는 프로세스를 갖출 수 있도록 높은 자율성이 부여된 팀 혹은 태스크포스(Task Force) 형태의 조직구조이다. 여기에 고도의 유연성을 갖도록 하기 위해 항상 기업 활동 프로세스의 변화 가능성을 대비하기도 한다.

지식경영의 궁극적인 목적은 새로운 지식을 창출하여 고객의 욕구를 충족시킬 새로운 제품과 서비스를 공급하는 것이다. 새로운 지식의 창출은 조직내외의 지식창고로부터 지식을 습득하고 지속적으로 학습함으로써 이루어진다. 따라서 지식경영의 성공은 학습조직을 필요로 한다.

지식은 문서 등과 관련된 형태보다는 개인 간의 접촉을 통해 더 효과적으로 공유된다. 따라서 휴먼 네트워크를 활성화하여야 한다. 먼저 결재, 제안, 명령 계통의 공식적인 네트워크부터 활성화하는 것이 접근하기 쉽다. 공식적 네트워크는 기존의 조직구조나 시스템을 적절히 활용하면 되기 때문이다. 특히 전문가집단 네트워크 및 게시물 실명제(전자메일 공개)를 통해서 추가적인 지식획득의 접점을 마련하는 것도 필요하다.

한편 사내에서 통용되고 있는 지식 중 유용한 정보의 상당부분은 비공식적 네트워크를 통해서 공유되고 있기 때문에 비공식 네트워크의 활성화에 심혈을 기울일 필요가 있다. 지역과 소속 부서를 초월해서 공통 관심사를 가지고 있는 사용자 그룹 조직을 장려하고 이들이 활발히 활동할 수 있도록 지원하여야 한다. 지식관리시스템을 활용하여 각각의 사용자 그룹간의 지식을 교류하고 토론의 장을 운영할 수 있도록 적극 지원할 필요가 있다.

또 다른 프로젝트처럼 지식경영시스템을 구축·실행하는데 있어서도 부서간의 이해관계에 의해 갈등이 발생할 수 있다. 이것이 심화되면 지식경영 무용론이 대두될 수 있으므로 하위조직 간의 분쟁요소를 무마할 수 있는 관리 및 조정시스템이 구축되어야 한다. 이외에 전문가의 중복배치를 피하기 위해 전 세계적으로 지역적 분산(geographic dispersion)을 꾀하는 조직변화를 시도하기도 한다.

조직구조를 고려할 때 중요한 요소 중의 하나는 지식관리 조직을 신설해야 하는 일이다. 누군가 지식을 평가하고 관리하는 일을 잘 처리해야만 지식경영의 목적이 달성되기 때문이다. 기업 내 지식관리의 전담부서인 지식센터를 둠으로써 모든 지식의 흐름과 재사용을 관리하도록 하여야 한다.

지식관리조직은 정보관리조직과 긴밀한 협조체제를 형성할 수 있도록 관리되어야 할 것이다. 또 기업 내 최선의 실행방안을 정의하는 전문가 센터를 두고 이들을 연결시켜주는 전문가 네트워크를 구축해야 한다. 특히 지식의 효율적인 관리 및 활용을 위해서 지식관련 업무를 책임지는 지식관리담당이사(Chief Knowledge Officer : 이하 CKO) 제도를 도입할 필요가 있다. 이미 로터스, 언스트 영, 맥킨지, 호프만 라로슈 등 지식의 선진기업들은 모두 CKO를 두고 있다.

CKO의 주요 임무는 지식경영의 기술상·경영상 인프라를 설계하고 구축하는 것이다. 즉 가치창출을 위해 필요한 지식을 발굴하고, 이를 시스템적으로 관리하며, 지식경영 관련 프로세스를 관리하는 것이 주요임무인 것이다. 특히 지식문화의 형성에 앞장서고 지식원천을 발굴해내는 일은 CKO의 매우 중대한 임무중의 하나이다. CKO는 이와 같은 임무상의 중요성에 비추어 볼 때, 강력한 권한과 책임이 부여된 가급적 임원급의 직급을 필요로 한다.

지식공유 및 활용 프로세스는 대체로 지식획득, 저장, 활용 및 폐기의 과정을 거친다. 지식의 공유와 유통을 위해서는 먼저 구성원들이 가진 지식을 조직화하여야 할 것이다. 이 과정에서 조직 내에 통용되는 공식적인 문서에 대해서는 그래픽, 이미지를 포함할 수 있는 형태인 하이퍼텍스트 문서 등으로 통일할 필요가 있다. 이외에 지식을 지속적으로 개발하고 관리하기 위한 프로세스의 표준, 유지 정책 및 절차를 개발하고 효과적이고 효율적인 지식획득 과정을 개발하는 것이 좋다. 이 중에서 무엇보다도 중요한 것은 지식평가체계를 개발하는 것이다.

조직과 구성원들이 가지고 있는 지식은 그 종류, 질적 양적 수준에 있어 매우 다양하다. 예를 들어, 개인들이 각자 가지고 있는 지식이나 업무상의 노하우, 기술, 가치관, 정보나 데이터로부터 이노베이션, 독창적 기술개발 지식(혁신적 기술), 제품개발 과정에서 얻는 가치/개념 지식, 소프트웨어, 서비스 등의 지식상품, 특허 등의 지적 자산, 제품창조에 관계되는 광범위한 지식(개발기술, 특정 노하우와 같은 지적 자산 축적), 조직체가 환경을 인식하고, 정보를 획득하고 처리하며, 의사결정을 하는 지적기반으로서 지식, 고객의 지식을 공유하여 창출하는 새로운 지식, 기업제휴로 공유된 지식 등 그 범위가 광범위하다.

문제는 이런 다양한 종류의 지식 중에서 어떤 지식이 회사의 가치창조에 기여할 지식인가를 판단하는 것이다. Ernest & Young의 조사에 따르면 대다수 경영자들은 업무수행 시 가장 필요한 지식으로 고객에 관한 지식을 꼽았으며, 그 다음으로 최선의 실행방안/효과적 프로세스에 대한 지식과 자사 경쟁력 및 능력에 대한 지식 등을 꼽았다.

어쨌든 각 기업은 자신이 처한 환경에 따라 필요한 지식의 평가 절차와 기법을 개발할 수 있다. 스칸디아, 캐터필러 등과 같은 선진적인 지식기업들은 나름대로 독특한 지식자본 측정기법들을 개발하였다.

캐터필러사의 경우, 1단계에서는 회사의 특성과 장기목표를 고려하여 생산성증대를 위한 작업환경의 창출, 구성원 선호 기술의 효율화, 신사업개발 방법의 개선, 고객과 공급자와의 관계 개선 등의 비즈니스 컨셉을 설정하였다.

2단계에서는 비즈니스 컨셉을 달성하기 위해 고려해야 할 핵심 성공요소(Key Success Factor : KSF)를 찾아냈다. 다시 말해서 생산능력의 극대화, 질적 관리, 협력기관의 선택 등이 이에 해당한다.

3단계에서는 KSF를 구체적으로 평가할 여러 가지 세부지표를 만들어내는 일을 하였다. 평가지표를 도출해내는 일이 가장 어렵다고 볼 수 있는 데, 구성원의 평균근무시간, 회의 수와 시간, 임시직 비율, 관계회사의 설립연도와 파업시간 수 등이 이에 해당한다.

4단계에서는 이들 지표를 통합해 하나의 지수로 만들어냈다. 이 사례로부터 아이디어를 구할 수 있으나, 핵심적인 문제는 구체적인 평가대상과 지표를 만들어내는 일이다. 한 가지 방법으로, 지식경영시스템을 도입하고자 하는 분야의 조직내외 전문가들을 중심으로 평가기준과 지표의 안을 만든 다음, 관련 구성원들에게 공개적으로 의견을 듣고 동의과정을 거쳐 확정하는 방법이 있다. 요점은 전략적 관점에서 필요한 지식을 정의하는 일이며, 그것에 대한 평가척도가 객관성을 갖도록 하는 것이다.

지식경영을 도입했을 경우 어떤 효과를 보고 있는지는 궁금

한 사항이 아닐 수 없다. 먼저 지식경영시스템의 사용정도와 직원들의 지식경영시스템에 대한 태도나 성향을 평가하는 것이 필요하다. 그리고 결과는 항상 원래의 시스템으로 피드백 되어야 할 것이다. 즉 지식의 가치를 유지하기 위해서 계속적인 보수계획을 수립, 시행하여야 한다. 또한 시스템 구축에 관련된 내용과 사용실태에 대한 사례를 전사적으로 공유하는 것은 지식경영 문화의 확산에 긍정적인 기여를 할 것이다. 그런 다음 2차, 3차의 파일럿 영역을 선정하여 지식경영시스템을 확산시켜 나간다.

이상의 지식경영을 위한 조직구조와 프로세스는 각 조직이 갖고 있는 고유환경에 잘 적응할 수 있도록 나름대로 모델을 만들어 갈 수 있다. 그러나 어떤 원칙이나 기준도 사람을 중심으로 적용되고 평가되어야 한다는 점을 간과해서는 안 된다. 분석결과를 피드백하기 위한 조정과정도 구성원들이 지식을 공유하고 활용함으로써 조직의 가치창출에 기여하고 그 결과를 모두 향유할 수 있도록 하는 방향이 유지되어야 하는 것이다. 지식의 제1차적 원천인 사람이 경시되거나 평가대상으로 간주된다면, 자칫 지식경영의 근본목적과 방향을 상실할 우려가 있기 때문이다. 이것은 결국 지식경영을 실패로 끝나게 할 수도 있다.

지식경영에 관해 다시 점검해 보면, 먼저 조직과 구성원들이 갖고 있는 지식을 모아서(지식획득), 이를 체계적으로 관리하고(지식관리), 궁극적으로 조직의 경쟁우위 확보 및 유지를 위해 사용자가 쉽게 지식을 활용(지식표현)하도록 하는 데에 그 목적이 있다.

여기에서 두 번째 과정인 지식관리는 주로 기술적 인프라에 의해 전개되는 요소이다. 자체적으로 개발하거나 시스템 사업자가 제공하는 기술적 도구와 해결책을 도입하여 해결할 수 있다. 이에 비해 지식획득과 지식표현 과정은 주로 경영 및 조직적 인프라에 의해 전개되는 지식경영의 주요 성공요소라 할 수 있다. 특히 구성원들로부터의 지식획득이란 문화가 형성되어 있지 못하면 불가능한 일이다.

더구나 우리나라와 같이 지식의 관리 및 공유문화가 정착되지 않은 환경에서 경영 인프라가 해결되지 않는다면 아무리 기술적 인프라가 구축된다 하더라도 지식경영은 허울 좋은 틀로 머물기 쉽다. 결국 지식경영의 성공은 경영 인프라를 중심으로 한 지식획득과 지식표현 과정의 효과성에 달려있기 때문에 기술적 요소보다 경영(조직) 인프라 구축에 만전을 기해야 할 것이다.

이외에 사회적 인프라로서 서로 신뢰하는 사회가 구축되어야 하고 정보화마인드가 확산된다면 훨씬 지식경영의 확산이 용이할 것이다. 더구나 지식에 대한 공인된 가치척도로서 지적자산(지적소유권)의 경제적 가치를 인정하는 분위기가 조성되고, 지식경영과 관련되는 법규와 제도의 개선이 선행된다면 지식경영문화가 훨씬 빠르게 확산될 것이다. 이런 사회적 인프라의 구축은 정부의 정책적 몫이라 할 수 있다.

3 지식경영 프로세스

1) 지식경영의 일반적인 구축단계

(1) 1단계 : 가치평가

지식을 효율적으로 경영하기 위해서는 기업의 가치평가를 지식측면에서 먼저 수행한다. 기업의 지식가치란 기업의 지적자본의 가치를 의미하며, 이는 지식경제 구조 하에서 기업의 역량이 어느 정도인지를 파악하는데 필수적이다.

지적자본이란 매출증가율 당기순이익 등 재무제표에 기록되지 않고 있는 인적 자본, 고객 자본프로세스 자본, 브랜드 가치 등 조직 내에 존재하고 있는 비재무적 자본을 일컫는 말이다. 지식기업들은 이와 같은 지적 자본을 찾아내 그것을 계량화해 기업의 가치 및 경영성과를 정확하게 측정하려는 시도를 해왔다. 이들은 조직 내 지적자본을 알아내기 위해 여러 가지 지표를 만들어냈고 이를 이용해 기업 고유의 독특한 지적자본 측정 모델을 창출해냈다.

(2) 2단계 : 핵심 지적자본의 선정

2단계에서는 1단계 가치평가를 통해 도출된 관련지식을 중심으로 주력산업을 선정하고, 아울러 기업의 특성을 고려하여 기업의 핵심 지적자산을 선정하는 단계이다. 핵심 성공요소는 그

동안 조직이론에서 사용했던 개념과 유사하지만 약간의 차이는 있다. 전통적인 조직이론에서 말하는 핵심 성공요소는 한 가지 관점에서만 파악을 하는 반면, 지적자본 활용시스템에서는 두 가지 관점에서 핵심성공요소를 고려한다.

예컨대, 사업을 하는데 있어서 낮은 원가를 달성하는 전략과 소비자 인지를 높이는 전략이 있다고 가정하자. 전통적인 이론에서는 이중 한 가지 관점만을 선택해 성공요소를 파악하는 반면 지적자본 활용시스템에서는 두 가지 전략을 모두 고려하는 것이다. 핵심 성공요소는 기업의 특성을 분류할 수 있는 주요 요소를 모두 포함시켜야 한다. 다만 핵심 성공요소를 추출하는데 있어서 우선순위를 두어 중요하다고 판단되는 것을 우선적으로 선정한다.

(3) 3단계 : 지식경영시스템의 구축

핵심 지적자본을 선정한 후 구축되어야 할 과업은 지식경영시스템을 구축하는 일이다. 지식경영은 궁극적으로 조직 내 모든 사람들이 기업조직의 지식을 서로 공유하면서 조직의 핵심능력으로 배양할 수 있도록 지식경영시스템을 구축할 필요가 있다.

2) 가트너그룹의 지식경영 프로세스

지식경영 프로세스로서 일반적으로 많이 이용되고 있는 가트너그룹의 지식경영 프로세스는 다음과 같다.

- 창출(Create) : 새로운 지식을 발견 및 개발하는 단계이다.
- 획득(Capture) : 암묵지를 형식지로 변환하고, 개인 지식을 수집하여 조직전체에 가용하도록 하는 단계이다.
- 체계화(Organize) : 저장 및 검색을 위하여 지식을 분류하는 단계로 지식의 색인, 지도 및 프로세스들을 포함한다.
- 접근(Access) : 사용자에 의하여 지식이 배포되거나 요구되는 단계이다.
- 사용(Use) : 지식을 응용하는 단계로 피드백이 지식경영 프로세스의 다른 단계들로 들어갈 수 있다.

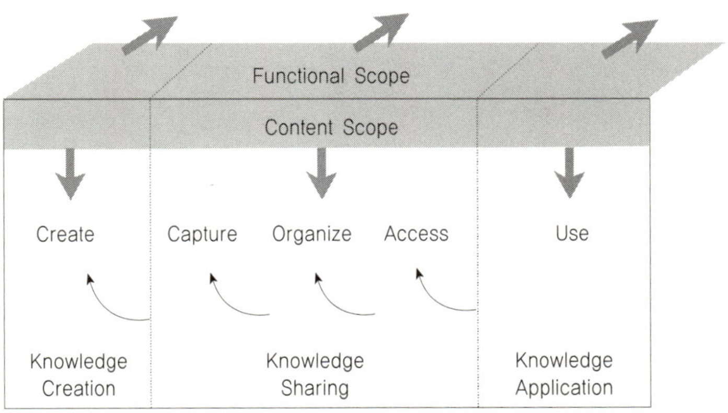

그림 4-3 가트너그룹의 지식경영 프로세스

여기에서 다음의 기능적 범위와 내용적 범위가 고려된다.

- 기능적 범위(Functional Scope) : 지식경영 각 활동을 지원하는 기술적인 범위

• 내용적 범위(Content Scope) : 지식경영에서 다루어지는 지식의 범위

3) Mark Nissen의 지식경영 프로세스

Mark Nissen(2000)이 제시한 지식경영 프로세스는 가트너그룹의 프로세스와 유사하나 '지식 진화'가 추가된 것이 중요한 차이점이다[그림 4-4 참조].

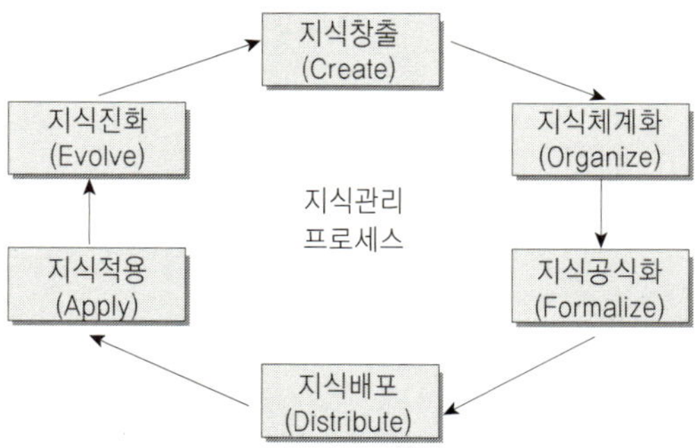

그림 4-4 지식관리 프로세스

• 지식 창출(Knowledge Creation) : 새로운 지식의 발견 및 개발
• 지식 체계화(Knowledge Organize) : 지식의 분류
• 지식 공식화(Knowledge Formalization) : 암묵지식을 형태지식으로 변환
• 지식 배포(Knowledge Distribute) : 지식의 배포
• 지식 적용(Knowledge Apply) : 지식의 응용
• 지식 진화(Knowledge Evolve) : 지식의 변경 관리

4 지식창고

지식경영의 가장 기본적인 인프라는 지식과 정보를 개인이 아닌 조직이 축적하기 위해 만든 지식창고(Knowledge Base)이다. 지식창고는 기업 활동에서 체득한 지식과 정보를 저장하고, 이를 바탕으로 더욱 효과적인 기업 활동을 전개하며, 다시금 기업 활동에서 획득한 지식과 정보를 저장함으로써 지식과 성과의 선순환 고리를 형성하는데 핵심적인 역할을 하게 된다.

이러한 역할을 효율적으로 수행하기 위해서 지식창고에는 고객, 경쟁사, 자사를 축으로 생성되는 모든 의미 있는 정보가 저장되어야 한다. 고객의 특성과 구매행동을 중심으로 한 고객정보, 경쟁사의 상품 및 마케팅 활동, 매출 등의 정보, 자사의 상품 및 인력 조직 등과 같은 명시적인 정보와 자사의 활동에 관한 정보가 적재되어야 한다. 효과적인 지식창고를 구축하기 위해서 유의해야할 사항은 다음과 같다(이창엽, 2000).

첫째, 사업의 핵심지식을 정확히 정의함으로써 지식창고의 구축 목적을 명확히 하여야 한다. 이를 통해 지식창고의 비효율성을 제거할 수 있으며, 효과적으로 활용할 수 있다.

둘째, 불필요한 낭비를 제거하기 위해 전사적인 통일성을 유지해야 한다. 대부분의 경우 정보의 중복은 지식창고의 낭비로 이어질 뿐만 아니라 혼란을 초래할 위험도 있다.

셋째, 기본적인 자료와 정보뿐만 아니라 이를 바탕으로 하는 비정형적인 지식까지 저장할 수 있어야 한다. 많은 경우 지식창고가 자료와 정보수준의 저장에 머무르는 경우가 많다.

넷째, 지식창고는 기업 포털과 연계되어야 한다. 지식창고가 구축되었다고 임직원이 쉽게 이용할 수 있는 것은 아니며 효과적으로 접근할 수 있는 방법이 있어야 한다. 기업 포털은 기업이 구축한 정보의 세계속으로 들어가기 위한 출입문이다. 따라서 기업 포털을 적절히 활용하면 임직원들이 정보의 위치를 신속하게 파악하고 그 정보를 쉽게 꺼내 쓸 수 있게 된다.

훌륭한 지식창고가 구축되었다고 하더라도 지속적인 관리가 없으면 곧 쓰레기 더미로 변해버릴 것이다. 유용한 지식창고의 활용을 위해 지식자산의 지속적인 개발, 축적 활동과 능력 있는 지식관리자와 보상시스템, 그리고 인내심을 가지고 추진하는 최고경영자의 의지가 매우 중요하다.

5 지식경영에서 지식공유, 창의성의 중요성

기업은 지식경영을 통해 데이터, 정보, 지식, 지혜를 결합하여 가치를 이끌어낼 수 있어야 한다. 단순히 지식을 보유하고 있는 것만으로는 별 쓸모가 없다. 기업의 다양한 활동을 조정할 필요가 있을 때 또는 경쟁우위를 확보하기 위한 전략을 수립할 때 지식을 활용하여 보다 더 나은 의사결정을 내릴 수 있다면 비로소 지식은 가치 생산적일 수 있다.

기업이 지식경영을 통해 가치를 실현하는 과정을 살펴보면 크게 지식의 생성·획득, 축적, 전파·공유, 활용의 4단계로 구분된다. 이중 가장 달성하기 어려운 부분이 다름 아닌 지식의 전파·공유 단계이다. 지식의 생성·획득 및 축적 과정은 기업 내에서 데이터, 정보, 암묵지, 형식지 등 어떤 형태로든 이루어지게 되어 있다. 반면에 지식의 전파·공유는 누군가 주도적으로 관리하지 않으면 이루어지기 힘든 부분이다. 또한 지식의 전파·공유가 이루어지지 않고서는 지식을 활용하여 가치를 창조하기도 매우 어렵다. 결국 지식의 가치 실현은 그 전파·공유가 얼마나 효과적으로 이루어지는 가에 달려 있다.

지식의 전파·공유는 새로운 지식 창출을 유도함으로써 각종 아이디어의 창출 및 실현에 결정적 영향을 미치기 때문에 기업이 창의성을 발휘하는데도 중요한 역할을 담당한다.

3M사 사례의 경우 보유 중인 지식의 전파·공유를 촉진함으로써 그 가치 실현을 가속하고 창의적인 기업의 대명사로 일컬어지게 되었다. 창의성 발휘는 아이디어의 창출 및 실현을 의미한다. 이때 아이디어는 아직 실현되거나 검증되지 못한 무언가를 말하는 것으로 매우 다양한 형태로 나타나는데, 이러한 다양한 형태를 지닌 아이디어가 실현될 때 비로소 창의성이 발휘되었다고 말한다.

창의성 발휘 과정은 다음의 비전 주도형과 지식 주도형의 2가지 유형으로 구분할 수 있다.

- 비전 주도형 : 새로운 아이디어로부터 목표를 설정하고 달성하기 위한 지식의 탐색, 창출 및 공유 과정을 통해 새로운 지식을 창출하고 가치를 실현하는 것이다. 예를 들면, 화성여행이라는 목표를 실제적으로 가능하게 만드는 유형이 바로 비전 주도형이다.

- 지식 주도형 : 현재 보유중인 지식을 적용할 만한 아이디어의 탐색을 위해 전파하고 공유하는 과정을 통해 새로운 지식의 창출 및 가치를 실현하는 것을 말한다. 예를 들면, 이미 알고 있는 지식인 원자의 작용 원리를 이용하여 원자력 발전 설비를 만들어 내는 것과 같은 유형의 창의성이다.

이처럼 어떤 유형의 창의성이건 간에 기업은 구성원 사이의 지식 전파·공유를 통해 새로운 지식 또는 아이디어를 창출하여야만 한다.

6 지식경영의 효과

지식경영을 추진하면 고객 측면, 조직경영 측면, 조직구성원 측면에서 다양한 효과를 얻을 수 있다.

1) 고객 측면에서의 효과

필요한 정보·지식을 고객이 요구하는 적기에 공급할 수 있어 신속한 고객 서비스를 제공함으로서 고객중심의 경영을 할 수 있다. 다양한 지적 노하우의 축적 및 공유로 고객을 위한 고품질의 서비스를 제공하여 고객서비스 향상, 기업 이미지 향상, 영업력 향상을 가져올 수 있다.

2) 조직경영 측면에서의 효과

표 4-2 조직경영 측면에서의 효과

효과	세부적인 내용
지식 자산화를 통한 기업 가치와 경쟁력 향상	◦ 지식관리시스템은 형식화되지 않았던 기업의 핵심 역량을 구체화 ◦ 새로운 비즈니스 전략 구상 가능 ◦ 조직의 유연성 및 잠재력 향상
지식의 공유로 인한 업무 생산성 향상	◦ 지식관리시스템은 산출물 제작에 걸리는 시간을 감소시킴 ◦ 업무프로세스 시간 절감 ◦ 표준화된 기능 지식과 방법론 ◦ 중복실수, 중복투자 방지
지식의 공유로 인한 업무 생산성 향상	◦ 절약된 시간을 다른 고부가가치 업무에 사용 가능 ◦ 분야별 전문가 양성, 지적 역량 강화 ◦ 산재된 지적 자원의 체계적이고 통합적 관리 ◦ 인력이동으로 인한 지적 자원 손실의 방지 ◦ 비효율성의 제거 및 프로세스 개선 효과 ◦ 각종 노하우 축적에 의한 컨설팅, 프로젝트 지원 ◦ 제안서, 저자 출판 등에 활용 ◦ 인사 이동, 조직 변동, 퇴사 등에 의한 지적 자원 손실 방지

효과	세부적인 내용
부가가치가 높은 지식자원의 자산화	◦ 개인적 지식의 조직적 지식화 ◦ 사내 전문가 파악의 용이 ◦ 정보의 전략자원화
업무환경 개선으로 스피드 경영실현	◦ 지식의 수평이동 강화로 조직 활성화 도모 ◦ 조직의 수평화, 글로벌화 ◦ 모바일오피스 실현 가능 ◦ 지적 자원의 Just-In-Time 체제 정비 ◦ 본·지사간 리얼타임 정보 공유 및 협업 체계 구축 ◦ 본지사간 불필요한 커뮤니케이션 제거 및 정확성 향상
지식의 재창출을 통한 상승효과	◦ 조직 구성원간의 지식 공유를 통한 업무 프로세스의 시너지 효과 창출 ◦ 조직 구성원의 사기 진작

3) 조직구성원 측면에서의 효과

지식경영시스템은 수집한 정보의 체계적 축적 및 재활용을 통해 조직구성원들에게 정보탐색 시간을 절감하게 하고, 시간, 공간, 환경의 제약 없이 필요할 때 정보에 접근 가능하게 한다.

부서 및 임직원간 업무협조 시간을 단축하여 업무 효율을 증대할 수 있다. 업무 히스토리 및 현황 파악, 공유, 보고에 소요되는 시간이 절감되고, 단순하고 반복적인 업무가 축소되고, 임직원간에 실시간 모니터링되어 즉시 대응할 수 있고 조직원간의 협력 확대에 의한 시너지 효과를 가져다준다.

Chapter 05

지식경영시스템의 이해

1 지식경영시스템의 개념

기업이 살아남기 위해서는 경쟁력을 확보해야 하고 기업이 경쟁력을 확보하려면 기업이 가지고 있는 자원, 즉 인적자원들의 지식이 경쟁기업보다 우위에 있어야 한다. 그리고 기업의 경쟁력은 사원들의 축적지식에 근거한 사업판단력의 합계이며 나아가 이러한 지식들이 얼마나 효과적으로 관리되고 재사용되며, 기업이 투자한 사원의 이직에도 변함없이 그 지식이 회사의 자산으로 남느냐 하는 것이다. 따라서 지식경영시스템은 암묵적 데이터를 축적·관리함으로써 축적된 데이터를 궁극적으로 기업 내 지적자산으로 활용하도록 하자는 것이다.

현재 기업 내 정보의 90% 이상은 이러한 암묵적 데이터로 존재하고 유통되는 것으로 알려져 있어 지식경영시스템의 중요성이 강조되고 있다.

지식경영시스템(Knowledge Management System : 이하 KMS)이란 '조직 내의 인적자원들이 축적하고 있는 개별적인 지식을 체계화하여 공유함으로써 기업경쟁력을 향상시키기 위한 기업정보시스템'이다.

또 KMS는 '개인과 조직이 지식을 기반으로 해서 지식의 생성, 활용, 축적에 이르는 일련의 활동을 원활하게 할 수 있도록 정보기술을 통해 지원하는 것'으로 정의할 수 있다. 즉 조직 내 지적 자산의 가치를 극대화하기 위하여 통합적인 지식경영 프로세스를 지원하는 시스템이다.

지금까지 기업정보시스템은 기업내외의 정형화된 정보만을 관리해왔다. 생산, 구매, 자재, 재무, 회계, 인사, 영업, 판매 등 기업 활동에서 발생하는 수치 데이터를 저장, 관리하는 것이 정보시스템의 역할이었고 실제 판단을 하고 의사결정을 내리는 것은 기업 내 인적자원이 수행하는 것이었다. 결국 의사결정의 주체인 인적자원이 떠나면 그가 갖고 있던 지식자원도 함께 떠나가고 기업의 지적자원이 소실된다는 관점에서 KMS는 대두되었다.

인적자원이 개별적으로 보유하고 있는 지식은 비정형의 형태로 존재한다. 즉 기업 내 각 개인들은 자신의 지식을 각종 문서로 작성 보유하고 있으며 이를 바탕으로 관련 업무담당자와 의사교환을 하고 이러한 활동을 기반으로 최종 판단을 하게 되는 것이다. 따라서 KMS의 기본 개념은 인적자원이 소유하고 있는 비정형 데이터인 지적자산을 기업 내에 축적·활용할 수 있도록 하는 것이다.

2 지식경영시스템의 구축

1) 시스템 구축을 위한 전제조건

조직문화를 좌우하는 지식경영을 위한 시스템은 소프트웨어 벤더들이 내놓은 제품으로 구현되는 것은 아니다. 결국 작은 노력으로 많은 지식을 관리 할 수 있는 시스템으로 지식경영 실현을 위한 정보기술의 통합이 이루어져야 한다.

지식경영이 성공하기 위해서는 지식을 공유하는 기업문화의 조성이 필요할 뿐만 아니라 학습하는 자세가 근무윤리의 하나의 중요한 요소로 자리 잡아야 한다. 리서치 회사인 GIGA 에서는 지식경영을 하기 위해 기업들이 갖추어야 할 조건들을 다음과 같이 명시하고 있다.

- 지적자산을 소중하게 생각한다.
- 협업하는 분위기가 조성되어 있다.

- 예산이 잘 지원되는 직원 교육 프로그램이 있다.
- 지식공유의 문화가 잘 조성되어 있다.
- 지식관리 프로세스를 잘 지원하기 위한 적절한 정보기술이 사용되고 있다.
- 직원들의 자발적인 노력이 있다.
- 지식경영을 하나의 유행이 아니라 전체적이고 통합적인 방식으로 접근한다.
- 직원들은 지식경영을 통해 무엇을 성취하고자 하는지 잘 알고 있으며, 임원들도 관심을 갖고 노력한다.
- 조직에서 지식의 구성요소들을 정의했다.
- 공식적인 교육 프로그램뿐만 아니라 지속적인 학습이 권장되고 있다.
- 지식경영은 별도의 기능이 아니라 업무 프로세스와 반드시 통합되어야 한다고 생각한다.

이와 더불어 시스템 구축상의 어려운 점은 크게 두 가지로 나눠서 볼 수 있다. 하나는 기업 내부의 마인드이고, 또 하나는 상이한 데이터 및 지식의 표현이다. 호환성이 없는 애플리케이션 인터페이스를 가지는 시스템의 통합으로 우선순위에 의한 구축보다는 기업문화 및 시스템의 동시 병행을 통한 자연스런 업그레이드가 가장 좋은 구축 방법론으로 보인다. 기업 문화면에서는 인센티브, 성과측정표, 관리자 선정을 통해 가능하고, 시스템은 개개인이 가지고 있는 웹 브라우저를 통한 통합시스템으로 접근할 수 있다.

기업이 지식 자원을 관리하는 것은 경쟁력 확보 차원을 넘어선 생존을 위한 문제로, 그 접근 역시 기업이 추구하는 종합적 패러다임이어야 한다. 지식관리란 물리적인 제품이 아니라 인적 자원, 즉 사람에 대한 것으로 비즈니스 활동에 관한 개개인의 지식을 전략, 정책, 의사결정, 업무 등에 적용하는 새로운 프로세스이기 때문이다.

KMS는 유·무형의 지식을 구조화하는 과정으로 개인의 머리속에 존재하는 지식들을 체계적으로 관리, 공유, 재활용하여 새로운 부가가치를 창출할 수 있도록 지원하는 시스템이기 때문에 KMS를 구현하는 데 있어서 정형화된 방법은 없다. 즉, 지식이란 각 기업 또는 조직마다 보는 개념이 다르며 그 형태 또한 다양해서 자사의 전략 및 정책, 업무 등을 고려해 정보기술을 적용만 하면 된다는 것이다.

KMS는 기업 내에서의 노하우, 즉 지식이 구체화되기 위해서는 누구나 인지할 수 있는 형태로 교환 가능해야 할 것이다. 또한 KMS를 어떻게 구현하느냐 하는 문제 보다는 기업의 어떤 자산을 지식으로 정의하느냐가 더 중요하며 무조건적인 구축보다는 많은 부분을 잘 따져보고 신중하게 접근해야 할 것이다.

성공적으로 지식경영을 도입하기 위해서는 지식에 대한 명확한 개념적 이해와 조직문화 및 프로세스 관점에서의 전사적 지식자원 활용방안이 관련 정보기술의 도입에 앞서 이루어져야 한다.

2) 시스템 구축 시 유의사항

KMS 구축 시 유의사항과 앞으로 더욱 발전시켜야 할 방향은 다음과 같다.

(1) 지식경영에 대한 문제를 정의하고 그에 적합한 지식경영 모델을 선정하는 것이 중요하고 구체적 실현 수단인 KMS의 평가에서 조직, 업무 프로세스상의 개선효과를 정량적/정성적으로 고려하여 투자수익률(ROI)을 도출하여야 한다.

(2) 지식경영 태스크포스팀 구성 시 초기에 정보기술 전문가를 포함시켜 지식경영전략과 KMS 구축 시의 차이를 최소화해야 한다. 또한 지식의 축적보다는 활용, 제한보다는 공유하는 것을 원칙으로 하고, 지식의 오너십을 조직원들에게 이전시킴으로써 조직 내 전문가 정신을 고취시키는 것이 바람직하다. 이는 조직 내 이전을 통하여 조직구성원들로 하여금 해당분야의 전문가가 누구인가를 인식하게 하여 가상공간에서 조직원들의 원활한 의사소통을 도모할 수 있다.

(3) 시스템의 구축 시, 전통적인 기능 요구사항의 분석으로부터 출발하여 시스템을 개발하기보다는 관리와 유지 보수가 편리한 솔루션 도입을 추진하는 것이 바람직하다. 그 이유는 급격히 변화하는 경영환경에서는 무엇보다도 지식

경영을 지원하는 틀을 제공하여 조직원들 당사자가 보다 빨리 지식의 수요충족 뿐만 아니라 지식공급자의 역할을 수행할 수 있도록 하여야 하는 점이다. 프로젝트를 추진할 경우 경험업체와 함께 신중히 분석하고 신속히 구축하여야 한다. 또한 시스템의 운영 시 변화관리에 대한 세부 활동을 기획하고 수행함이 바람직하다.

(4) 국내외 유수 선진회사 들은 오랜 기간 측정된 그들의 지식을 조직원들의 개별업무에 적극 활용하게 하여 헤아릴 수 없이 많은 유무형의 이득을 얻고 있다. 국내 기업의 KMS 구축사례는 아직 많지 않으나 대부분의 기업들은 프로세스와 핵심역량을 고려한 형태로 지식을 분류하고 저장하며 활용한다는 것이다. KMS의 특징은 첫째, 축적된 지식을 재활용하여 어느 곳에서라도 적시에 본인의 업무를 손쉽게 할 수 있고 둘째, 교육정보를 구축하여 조직원들의 자발적 학습을 가능하게 하며 셋째, 개별 조직이 관리하는 문서 및 정보시스템의 데이터를 지식화 하는 것으로 요약할 수 있다. 그 결과 지식정보 제공에 따른 조직의 역량이 강화되며, 노하우 축적에 따른 업무 생산성이 증대되며, 사무능력 향상에 따른 제품 및 서비스의 질이 향상되며, 신규시장의 진출 가능성을 도모할 수 있다는 점이다.

(5) 기업의 경영진들은 조직 구성원들의 지식생산성을 높이기

위해서 지식생산과 지식소비의 거래실적을 공개함으로써 성과관리의 투명성을 제고시킬 필요가 있다. 또한 기업의 조직원들은 지식의 생산자와 소비자로서의 역할을 동시에 수행하여야 할 것이다. 즉 지식생산자로서 본인의 지식생산물이 해당 지식수요자들에게 어떻게 평가되어지고 있으며, 지식수요자로서 해당 지식의 평가를 얼마나 객관적으로 이행하고 있는가를 주의 깊게 생각하여야 한다.

(6) 구축된 KMS의 성공적인 운영을 위해서는 외부 환경변화에 유연하게 적응할 수 있도록 지속적인 운영 및 개선이 필요하다. 이를 위해서 KMS는 지식의 생성에서부터 활용에 이르기까지 지식거래 중재자의 역할을 무리 없이 수행해야 할 것이다.

3) 시스템 구축의 성공요소

기존 업무의 절차 및 형식을 고수하는 일이나 경험적 견해를 무조건 수용하는 안일함, 고정관념, 습관, 관행적 처리 등은 모두 지식을 고착화시키므로 지식경영 추진에 있어 걸림돌이 된다.

(1) 성숙된 조직문화 형성이 중요

조직 안에서의 KMS는 구조, 절차 및 제도적인 면에서 상당한 융통성이 반영된 시스템이어야 할 것이다. 처음부터 엄청난 하드웨어, 소프트웨어의 도입이나 구축을 검토하는 것은 성장하지 못한 유아 두뇌에 천재의 학습과정을 강제 주입시키려는 시도라고 본다.

기업은 새로운 경영기법이나 방법 도입에 있어서 지나치게 정보기술에 의존하는 경향이 있다. 그러나 사실 많은 전문가들은 조직 내의 지식경영을 성공시키기 위해서는 정보기술보다 새로운 의식 전환을 통한 조직의 문화 형성이 중요하다고 말한다. 이것은 개인 간, 조직 간, 또는 조직과 개인 간의 상호지식 교환이 서로의 요구에 의해서 자유스럽게 교환될 수 있는 성숙된 조직문화라 할 수 있다. 개인의 지식은 새로운 의미의 기업 가치가 될 수 있고 지식 거래의 대상이 될 수 있다는 사고로의 전환이 요구되는 것이다.

(2) 기존 시스템을 지원하는 융통성 있는 계획이 필요

대부분의 기업은 이미 기존의 조직 내에 각자의 필요에 따라 형식적 또는 비형식적인 다양한 지식 공유가 시행되고 있거나, 그를 위한 시스템이 존재하기 마련이다. 다만 그러한 것들이 인적, 공간적 측면에서 극해 제한적인 교류에 그치고 있어 다소 폐쇄적이거나 배타적인 한계를 갖고 있기는 하지만 각 부서나 팀들의 내부 또는 팀 간의 필요에 의해서 만들어진 것으로써 그 현상과 보유 지식의 실체를 중시할 필요가 있다.

또한 이것을 적극적으로 이용하려는 접근이 바람직하다고 본다. 사실 대부분의 개발자들은 기존 사용자들의 새로운 것에 대

한 거부감이나 불신감 등으로 인하여 그 노력이 강력한 저항에 부딪치고 무시되는 경우가 많다. 따라서 바람직한 결과를 얻기 위해서는 기존 시스템과의 동시 발전을 지원하는 융통성 있는 계획이 요구된다.

(3) 암묵적 지식은 일상적인 지식 다음으로 공유

처음부터 잡히지 않는 암묵적 지식을 찾아 나서기보다는 회사가 비즈니스 수행을 통해 현장에서 일상적으로 만들어 내고 있는 산출물들을 축적하여 우선 이것들을 공유해야 한다. 그 후 이를 정형지식으로 만들면서 개인적으로 얻어진 노하우, 현장실험지식, 경험지식 등의 암묵적 지식을 그 다음으로 공유하는 것이 보다 순조롭고 자연스러운 지식 획득의 단계라고 본다.

물론 이러한 암묵적 지식의 획득 문화를 성공적으로 안정화시키기 위해서 회사는 다양한 아이디어를 개발해야 할 것이다. 왜냐하면 눈에 보이는 산출물을 획득하는 일은 비즈니스 절차를 통한 결과로 당연히 얻을 수 있기 때문에 큰 문제가 되지 않는다. 그러나 이미 제공한 결과물에 대한 추가적 질의에 개인적으로 응답하거나 개인적 지식을 공유하는 데는 상당한 자율성이 요구된다. 따라서 회사는 이에 대한 대안으로 인사적 평가나 급여적/비급여적인 다양한 보상 방안을 적극적으로 개발 적용하여 능동적 참여와 활동을 유도해 낼 수 있어야 한다.

결론적으로 지식경영의 성공적 체제를 이룩하기 위해서는 개인은 물론이고 부서나 팀이 자기들의 업무결과로 얻어진 새로운 지식이 있다면 이것을 공유하기 바라는 다른 팀이나 팀원들에게 기꺼이 제공해 주는 일이 무엇보다도 우선되어야 한다는 새로운 문화의 조성이 절실하게 요청된다. 이것은 우리의 조직문화에 대한 새로운 사고이고 도전이다.

4) Ovum의 KMS 아키텍처

KMS는 조직이 갖는 지식의 유형, 활용방식, 조직의 문화와 정보기술 환경 등에 따라 그 기능과 아키텍처가 다양하다. 여기서는 KMS 아키텍처의 기본으로 가장 많이 이용되는 영국의 컨설팅 기관인 Ovum에서 제시한 모델을 소개한다.

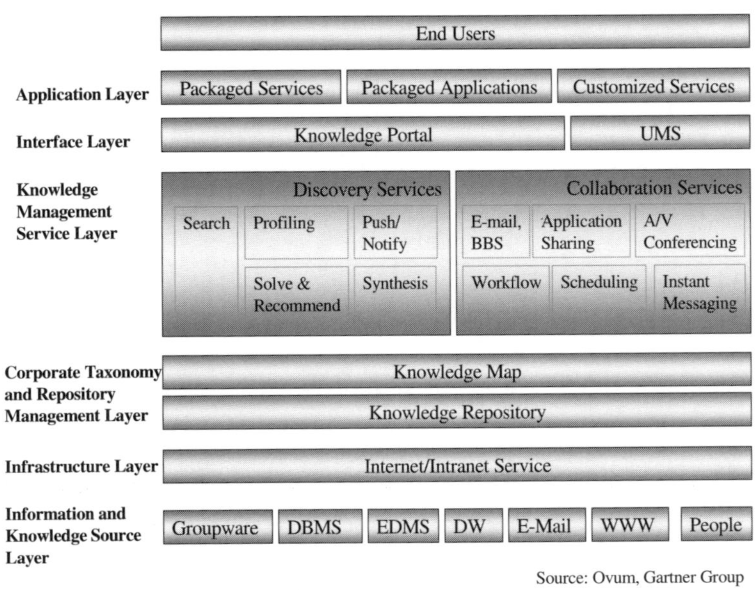

그림 5-1 Ovum의 KMS 아키텍처

(1) 정보 및 지식 소스 계층

KMS의 가장 기본이 되는 부분은 정보와 지식으로 조직 내에 그룹웨어, DBMS(DataBase Management System), EDMS(Electronic Document Management System), DW(Data Warehouse), 전자메일, www 등 다양 곳에서 산재한다.

(2) 인프라 스트럭처 계층

지식 및 정보 교환에 필요한 정보기술 인프라를 의미하며 전자메일, 파일서버, 인터넷/인트라넷 등을 통해 정보를 공유하게 된다.

(3) 지식분류 및 저장관리 계층

지식의 체계적인 관리 및 이용을 위하여 지식의 특성에 따라 지식을 분류하고, 지식을 이러한 분류체계에 따라 별도로 보관하는 서비스를 지원한다.

(4) 지식관리 서비스 계층

관리되고 있는 지식을 사용자가 효과적으로 사용할 수 있도록 지원해주는 기능을 담당하는 계층으로 검색, 사용자 관리, 지식유통, 전문가 검색, 협업 등을 위한 각종 기능을 수행한다.

(5) 인터페이스 계층

실제로 사용자에게 보여 지는 화면 즉, 사용자 중심의 인터페이스 화면을 지원하며, 향후 사용자 환경의 변화를 고려한 모바일 기능도 고려되어야 한다.

(6) 응용 계층

사용자의 특성에 따른 서비스를 제공하기 위한 서비스의 구성을 지원한다.

5) 지식경영시스템의 운영 과정

KMS의 일반적인 운영 과정은 [그림 5-2]와 같다.

그림 5-2 KMS의 운영 과정

사내외에 산재해 있는 다양한 지식의 원천으로부터 지식관리의 대상이 되는 지식을 정의하고 획득하며 필요시에는 새로운 지식을 창출할 있도록 지원해야 한다. 지식의 원천으로는 개인이 보유하고 있는 경험, 노하우 등의 암묵지를 디지털화 한 자료, 개인의 정보기기에 보유되어 있는 자료, 조직의 정보시스템 등에서 산출되는 데이터 및 자료, 외부의 인터넷 및 웹 자료 등이 있다. 대상이 되는 지식 중에서 조직이 지식으로 관리 및 활용할 자료를 추출하여 지식분류체계, 지식지도에 따라 분류하고 별도의 지식저장소에 저장한다. 저장된 지식은 포털시스템 또는 사용자 인터페이스를 통하여 사용자에게 제공된다.

다양한 지식의 원천으로부터 수집된 지식은 지식저장소에 저장되고, 지식을 용이하게 구분하고 인식할 수 있는 적절한 지식분류체계를 수립하여 지식지도를 만든다. 지식지도는 지식을 필요한 사람에게 전달할 수 있도록 지원하는 도구로써, 지식을 발굴, 축적, 활용할 수 있도록 지원하기 위해 사용되며 지식의 접근이 용이하도록 분류하는 체계이다. 또한 지식의 내용과 상호연관성을 표현함으로써 탐색적으로 지식 접근을 가능케 해준다.

3 지식관리 관련 정보기술

가트너그룹은 다음 그림에 표현된 것과 같이 지식관리와 관련된 정보기술을 저장과 추출(store & retrieve), 전송(send), 구조화와 네비게이션(structure & navigate), 공유(share), 조합(synthesize), 해결(solve) 분야에 대해 기술의 성숙도와 고전적 이거나 부상하는 이슈를 축으로 하여 다음과 같이 분류하였다.

1) 인트라넷

인트라넷(Intranet)은 사용자에게 통합 환경을 제공하고 정보를 분배하는데 가장 효과적인 기반시스템으로 활용되고 있다. 인트라넷은 인터넷의 소프트웨어 표준을 기업 내 네트워크로까지 확대한 것으로, 개방성이 특징인 인터넷에 보안성을 강화하는 한편 정보흐름을 관리하기 위한 소프트웨어를 부가한 기업 전용 네트워크를 말한다.

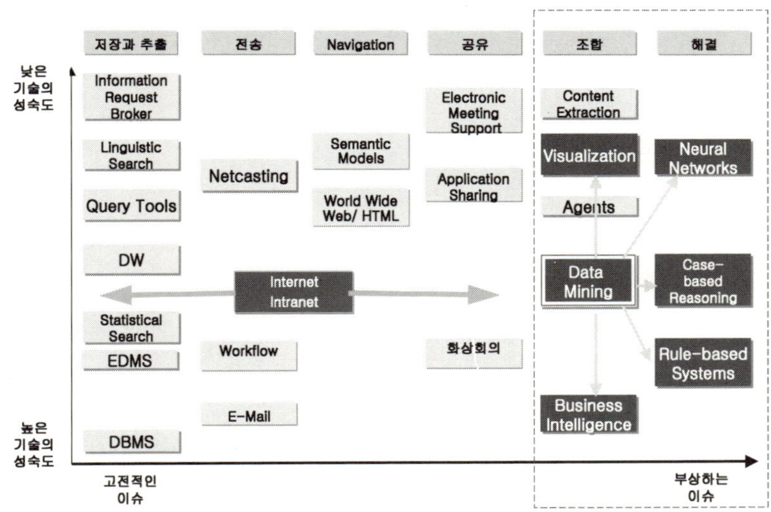

출처 : 가트너 그룹

그림 5-3 지식관리 관련 정보기술

이를 통해 기업들은 인터넷과 같은 저렴한 이용요금으로 편리하게 세계 각지에 흩어진 지사를 연결, 정보를 교환할 수 있고 채팅기능이 없는 서버를 설치했더라도 채팅기능이 있는 다른 회사 제품으로 보완할 수 있으며, 일반 소비자에게 제품관련 정보를 서비스하는 등 선택적인 정보제공 기회를 부여하기도 한다.

인트라넷 환경에서 구현해야 할 주요 기능으로는 그룹 캘린더링과 스케줄링, 그룹 혹은 분산 프로젝트관리, 화상회의, 회사 내 소식지, 분산 애플리케이션에 대한 접근기능, 공동작업 정보에 대한 접근기능, 집단문서편집 및 관리기능 등이 있다.

현재 인트라넷에서 가장 절실하게 요구되는 것이 방화벽, 암호화 소프트웨어, 그리고 네트워크의 안정성을 보장해 주는 장비들이다.

2) 전자문서관리시스템

문서관리시스템은(EDMS) 회사의 중요 문서정보의 저장소 역할을 수행하는 기반시스템으로 특히 복잡한 문서의 생성, 처리, 관리에 뛰어난 기능을 발휘한다. 전사적인 인터넷 또는 C/S 환경에서 업무환경에서 발생되는 다양한 전자적인 정보들을 통합서버에 체계적으로 관리하고 공유하여 활용할 수 있도록 지원하는 통합정보관리 솔루션이며, 기업의 문서분류체계에 맞게끔 커스터마이징(customizing)이 가능하도록 지원한다.

3) 그룹웨어

그룹웨어(groupware)는 조직과 작업그룹의 사용자들 간의 의

사소통, 정보공유, 협업 등에 활용된다. 정보의 정형성에 제약이 없고 특히 비동기적으로 사용자들 간 공식적·비공식적인 대화를 가능하게 함으로써 암묵지의 교환을 촉진한다. 그룹웨어는 보통 메일과 토론기능, 문서 데이터베이스 기능, 워크플로우 기능을 동시에 갖추고 있는 것이 보편적이다. 최근에는 거의 모든 제품들이 웹 지원기능을 강화하거나 웹 환경에서 사용할 수 있도록 개발됨에 따라 웹웨어라고 불리기도 한다.

4) 워크플로우 시스템

워크플로우 시스템(work flow system)은 다수의 사용자, 서버 및 응용프로그램 환경을 지원하는 전사적 환경의 업무프로세스 자동화 솔루션으로 매일 반복되는 대규모의 트랜잭션 처리환경에 적합하다. 업무 적용시간의 단축, 효율적인 업무프로세스의 변경, 객체 지향적인 기술을 사용한 정보의 재사용성, 완벽한 업무처리 과정의 추적관리를 통한 지속적인 업무 생산성 향상을 통한 비즈니스 리엔지니어링을 가능하도록 지원하는 업무자동화시스템이다.

5) 데이터 웨어하우스와 데이터 마이닝

데이터 웨어하우스(Data Warehouse)란 기간 시스템의 데이터베이스에 축적된 데이터를 공통적인 형식으로 변환하여 일괄관리한 데이터베이스를 말한다. 데이터 웨어하우스는 주요 의사결정, 자원 등 정보계 시스템에 사용하며 저장 및 분석, 방법론까지 포함한다.

데이터 마이닝(Data Mining)은 데이터 웨어하우스를 위한 정보검색방법의 발전 형태로 볼 수 있으며, 데이터 웨어하우스나 방대한 규모의 데이터베이스에 숨어있는 전략적인 정보를 발견하거나 숨어있는 지식을 자동적으로 추출하는 작업을 말한다.

6) ERP 시스템

ERP(Enterprise Resource Planning) 시스템은 전사적 자원관리시스템으로 기업 활동에 필요한 모든 자원을 기업이 가장 효율적으로 운용되도록 관리하고자 설계한 통합패키지이다. ERP 패키지는 비즈니스 모델, 즉 데이터, 프로세스, 워크플로우의 전사모델을 기반으로 하므로 ERP의 도입 자체가 리엔지니어링 과정을 수반한다.

ERP 시스템은 회사 내부의 현황에 대한 정확한 지식을 제공하며 아울러 점차 지식이 실질적인 회사의 중요자원이 되어감에 따라 ERP 시스템도 지식관리모듈을 확장해 가는 추세이다. 또한 ERP 시스템의 중요한 기능인 관리회계도 지적자산을 고려한 관리 포인트를 반영함으로써 지식프로세스를 근간으로 하는 리엔지니어링 촉진도구로 자리매김하고 있다.

7) 푸시 에이전트

정보를 자동으로 최종 사용자에게 전달하는 기술을 말한다.

푸시(push)기술은 동적으로 변하는 정보를 실시간으로 최종 사용자에게 전달하는 기능을 수행하는데 필수적인 기술이다. 에이전트(agent) 기술은 최종 사용자가 원하는 지식의 종류를 설정하여 원하는 정보를 자동적으로 전달받을 수 있도록 해주는 기술이다. 특히 이 기술은 지식중심으로 작업하는 전문가들에게 유용한 것으로 일일이 관련지식을 점검하지 않고서도 쉽게 취득할 수 있는 기능을 제공한다.

Memo

Chapter 06

지식경영 성과의 측정

지식경영 성과를 측정하는 방법은 해당기업의 미래가치를 측정하는 본질적인 의미와 주당 자산가치 및 수익가치를 평가하는데 매우 중요한 의미를 갖는다. 이 분야를 크게 나누어 보면 다음과 같다.

① **지식자산 측정(ICM : Intellectual Capital Measurement)** : 지식의 가치 측정 등

② **지식경영 성과의 측정** : 지식경영 활동의 성과 등을 측정하는 지식투자수익률(ROKI : Return on Knowledge Investment)

③ **지식경영활동 측정** : 지식경영활동 자체를 평가하는 마일리지 제도 등

지식경영 성과를 측정하기 위한 모델설계는 [그림 6-1]과 같은 영역 범위가 포함되어야 하며 특히 핵심역량 항목, 지적자본 항목, 경제적 가치창출 항목 등 3가지 항목이 적합성을 보유해야할 것이다.

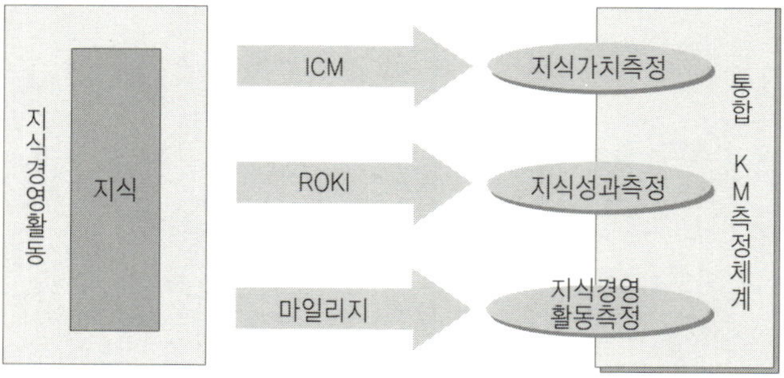

그림 6-1 지식경영 성과의 측정 모델

1 재무회계상의 문제점

측정체계의 목적은 측정결과 활용의 통합목적성에 있다. 그러나 대부분의 기업에서의 전통적인 회계시스템은 역사적 원가주의라는 문제점이었다. 때문에 과거 지향적인 결과 중심의 측정결과로 인해 지식자산이나 지식경영 성과 등을 평가하는 업무는 한계가 있기 마련이다.

1) 전통적 회계시스템의 특징

회계정보의 이용자들에게 신뢰성을 주기 위해서 역사적 원가주의 또는 발생주의에 따라 Book Value 위주로 재무제표가 작성되었다. 역사적 원가주의라 함은 기업의 자산 평가는 취득원가를 기준으로 하여 대차대조표(B/S)에 기재하는 것이 타당하다고 하는 회계방식을 의미한다. 즉 취득원가주의라고도 하며 회계학에서의 자산평가의 원칙이다. 취득원가로 평가하면 자산이 판매될 때까지는 그 자산에 대해 이익도 손실도 발생하지 않는다.

재고자산의 평가에서 자산평가의 방법은 매우 중요하며, 기업회계원칙에는 취득원가에 의해 자산을 평가 및 계산하도록 정하고 있다. 자산평가의 방법에는 시가를 기준으로 하는 시가주의와 시가와 원가를 비교하여 낮은 쪽을 기준으로 하는 저가주의가 있다.

기존의 전통적인 회계시스템은 회계정보의 다양한 이용자들에게 관련성과 신뢰성을 제공하도록 디자인되었다.

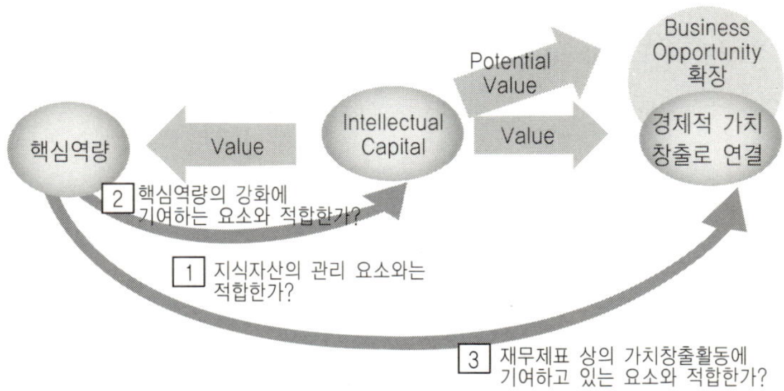

그림 6-2 지식경영 성과의 측정 프로세스

2) 역사적 원가주의의 문제점

- 과거 지향적이고 비용 지향적이다.
- 인적자원, 노하우, 종업원의 잠재가치 등 무형 자원에 대한 투자를 비용으로 인식함에 따라 지식자산에 대한 투자 기피 및 지식자산가치가 상당 부분 평가절하 되고 있다.

3) 측정체계의 지향점

- 결과보다는 개선 노력을 해야 하며 과거보다는 미래 지향적인 방향으로 변화되어야 한다.
- 지속적으로 과정에 대한 모니터를 통해 경영전략 이행 및 경영혁신의 촉매로 활용하여야 한다.
- 기존의 재무적 자산뿐만 아니라 지식자산, 지식경영 성과도 측정함으로써 기업 가치를 정확히 측정하고, 이를 바탕으로 비전 및 사업전략 달성을 위한 모니터링자료의 역할이 되어야 한다.

2 지식자산의 가치측정

지식자산의 가치를 측정하는 기존의 연구는 재무적 측정 방법과 비재무적 측정 방법으로 크게 나누어져 있다.

1) 재무적 측정방법

재무적 측정방법은 지식자산의 항목을 구체적으로 언급하지 않고 있고, 다만 지식자산의 총량을 화폐적으로 환산하여 지식자산의 가치를 측정하는 방법이다. 이와 같은 측정 방법으로는 시장가치법, 이익·현금흐름법, 대체원가법, 초과자산 수익률법, 자본시장 프리미엄 접근법 등 5가지 방법이 있다.

(1) 시장가치법(Market Value Method)

시장가치법은 시장에서 형성된 거래액에 기초하여 지식자산의 가치를 평가하는 방법이다. 발생 수익의 일정 비율을 로열티로 수수하는 공정 계약이 존재하는 특허권, 상호, 저작권과 같은 지적재산권의 거래에서 주로 사용된다.

(2) 이익·현금흐름법(Income or Cash Flow Projection Method)

지식자산의 가치를 당해 자산의 미래 경제적 수익, 즉 미래 이익 혹은 미래 현금 흐름의 현재가치에 기초하여 평가하는 방법이다. 내부 개발 영업권이나 사용 중인 프랜차이즈와 같이 미래 경제적 수익이 당해 지식 자산과 결부될 수 있을 때 사용될 수 있다.

(3) 대체원가법(Replacement Cost Method)

재생산 혹은 대체에 소요되는 원가추정액으로 지식자산의 가치를 측정하는 방법이다. 연구개발과 같은 재생산이 가능한 경우에 사용할 수 있다.

(4) 초과 자산수익률법(ROA : Return on Assets)

특정기업의 ROA와 산업평균 ROA를 비교하여 그 차이가 + 이면, 그 기업은 해당 산업에 비해 상대적으로 초과된 무형 자산을 보유하고 있는 것으로 간주한다. 이러한 초과수익률에 특정기업의 대차대조표 중 유형자산 총액을 곱하여 무형자산 가치를 산출한다.

무형자산가치 = 초과자산수익률 × 유형자산 총액

(5) 자본시장 프리미엄 접근법(Market Capitalization Method)

시장에서 평가되는 기업가치(발행주식 총수×현재 주가)와 기업장부가치를 비교하여 그 차액을 기업의 무형자산으로 인식한다. 시장이 효율적이고 정확하게 특정기업의 가치를 평가하고 있다는 가정 하에서만 성립하는 방법이다.

무형자산가치 = Market Value Added

= (시가기준 총자본-장부가 기준 총자본) 조정항목

2) 비재무적 측정방법

(1) 덴마크 모형

비재무적 측정방법은 지식자산의 총량을 화폐적으로 환산하는 것이 아닌 다양한 카테고리와 측정 항목을 구성하여 이를 수치화하여 측정하는 방법론이다.

그 중 덴마크 모형은 인적자원, 고객, 기술, 프로세스의 4가지로 분류한 지식자산을 통계적 지식자산 현황 기업의 활동 활동 결과 등 3가지 다른 수준의 측정치로 제시하고 있다.

덴마크 모형은 통계적 정보 핵심지수, 효과목표의 3가지 다른 수준의 측정치들을 지식자산 현황, 기업의 활동 결과와 연관시켜 구체적으로 측정하고 있다. 이 모형은 지식자산을 다면적으로 평가하는 목적에는 유용하나 변화와 혁신을 측정하고 있지 않으며, 기업의 핵심역량을 측정관리 하기에는 분류 기준이 부족하다는 단점이 있다.

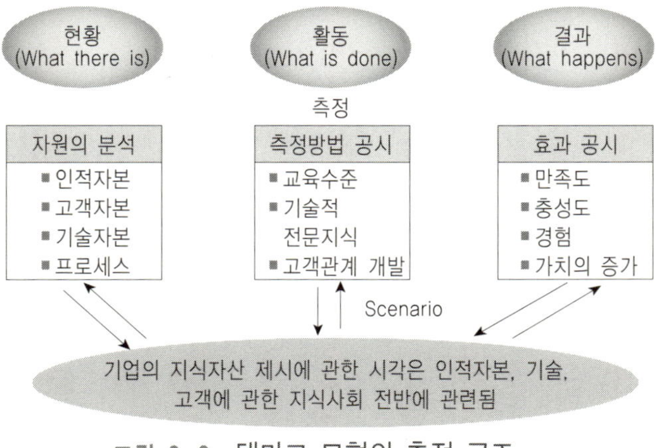

그림 6-3 덴마크 모형의 측정 구조

(2) Sveiby 모형

Sveiby가 개발한 Invisible Balance Sheet는 기업의 대차대조표상

에 나타나는 장부가치와 시장가치의 차이는 회사의 무형 자산 가치를 반영하기 때문이라는 이론에서 출발한 것으로 단순화된 모형을 통해 비재무적인 요소를 산출해 내는 지식자산 평가방법이다.

기업의 시장가치 = 장부가치 + 기업의 무형자산 가치

Invisible Balance Sheet는 대차대조표에 나타난 유형자산과 유형자본항목을 토대로 구성되며 전체 자산 중 무형자산의 비율을 인터뷰 등을 통해 추정함으로써 무형 대차대조표를 작성하고 그에 따라서 기업이 보유한 무형자산의 가치를 금액으로 환원하는 것이다.

표 6-1 Sveiby의 지식자산 측정지표

구분	외부구조	내부구조	역량
성장 · 혁신	·거래량의 유기적 성장 ·시장점유율의 성장 ·고객만족지수 또는 품질지수	·IT투자 ·내부 R&D에 소요된 시간비중 ·종업원의 태도지수	·중요 고객 매출 비중 ·전문가의 평균 경력의 성장 ·능력 이동
효율성	·고객 1인당 이윤 ·전문가 1인당 매출	·지원부서 직원의 비율 ·보조참모 1인당 매출	·전문가 1인당 부가가치 변화 ·전문가 비율 변화
안정성	·반복 주문 빈도 ·연령 구조	·조직의 전통 ·신입사원 비율	·전문가 이동율

(3) 유럽형 품질관리모형

유럽연합은 미국의 말콤 볼드리지상의 영향과 품질의 향상을 통한 경쟁력 확보가 미래의 기업생존에 필수적이라는 인식 아래 유럽의 대표적인 다국적기업 14개 업체가 1988년에 유럽품질관리재단(EFQM)을 설립하였으며, EFQM은 1957년에 설립된 유럽품질협회와 EC(European Commission)의 후원을 받아 1992년에 유럽품질대상을 제정하여 현재까지 운영하고 있다.

EFQM은 신청기업 중 최고 성적을 거둔 기업에게 수여하는 유럽품질대상과 심사기준을 통과한 기업에게 수여하는 유럽품질상으로 구분하고 있다.

(4) Holistic 모형

Holistic 모형은 지적, 사회적, 정서적 발전 프로세스뿐만 아니라 조직, 구조, 관리에 대한 상호 연결되어 있는 측정 요소를 다루고 있으며, 조직, 관리, 교육개발, 서비스의 통합적인 지휘 및 학습에 기초하여 이들의 상호 관련성을 기술하는 방법이다.

특히 이 방식은 이해관계자 가치를 창조하기 위하여 전체 조직이 그 입무를 달성하는데 필요한 요소성과 지표로 능력 총계 또는 잠재력 총계에 대한 퍼센트로 현재 상태를 기술하는 방식이다.

(5) Annie Brooking Model

Annie Brooking에 의해 고안된 지적자산 평가모델로서 지적자산을 다음과 같이 크게 3가지로 분류한다.

① **인적 자본**(Human Capital) : 조직 구성원에 의해 구현되는 집단적 전문기술

② **시장 자본**(Market Capital) : 조직이 시장에서 가지고 있는 눈에 보이지 않는 잠재력을 의미

③ **구조적 자본**(Structural Capital) : 지적재산권과 인프라 자본을 의미

지적자본 = 인적자본 × 시장자본 × 구조적 자본

Chapter 07

지식경영의 성공과 실패

1 지식경영의 성공을 위한 고려사항

기업의 지식관리 성공요인은 여러 연구자들의 연구결과에 의해 리더십, 조직문화, 평가 및 기술기반, 조직기반 등으로 알려져 있다.

지식경영은 전술한 바와 같이 기존의 정보시스템과는 성격이 다를 뿐만 아니라 조직의 전략, 업무특성, 조직의 문화 및 나아가 그 나라의 국민성, 사회 분위기 등에 따라 그 성공요인이 바뀔 수 있다. 그 근본적인 이유는 정보기술과 아울러 인간이라는 또 하나의 변수가 지식경영에 있어서 매우 중요한 요인이 되기 때문이다. 더욱이 공공부문의 경우 민간부문과 여러모로 다른 특성을 지니고 있고 국가마다 성격이 다르기 때문에 지식경영의 양상도 상당히 다를 수밖에 없을 것이다.

여기에서는 일반적으로 알려진 성공요인이 기술 지향적인 KMS를 대상으로 분석되었음을 감안하여 인간 지향적인 KMS에서는 어떤 변화가 있을 지와 함께 지식경영이 성공적으로 적용되기 위해 고려해야 할 사항들을 살펴보면 다음과 같다.

1) 리더십

● **전략 1** : 지식 비전을 창출하고 전파한다.

|사례| HP사는 모든 종업원이 고객과 시간을 보내면서 고객의 수요에 대한 지식을 획득하도록 장려하고 있다. Sequent Computer System사는 과거 고객과의 경험을 지식화하고 그 다음 고객을 대상으로 이를 활용하기 위해 노력하고 있다.

● **전략 2** : 지식을 통해 핵심역량을 지원한다.

|사례| 사무용 가구를 판매하는 스틸케이스는 직무에서 학습하는 가장 좋은 방법과 가장 좋은 학습 환경에 대한 기본연구를 수행했다. 이러한 결과로 직무 환경, 업무 흐름, 교육, 지식교환에 대한 컨설팅을 다른 기업에 판매할 수 있게 되었으며, 내부에서도 특

허 신청이 증가하였으며 생산성을 3배 증대할 수 있었다.

● **전략 3** : 조직지식에 대한 공헌위주로 채용, 평가, 보상체제를 전환한다.

|사례| 로터스사는 지식공유 상황을 인사고과에 25% 반영하고 있다. 채퍼럴 철강사는 성취도 외에 기술의 습득에 따른 보상체제로 전환했다.

● **전략 4** : 지식경영은 비용관점이 아니라 투자관점에서 한다.

|사례| 버크만 연구소는 매년 매출의 25%(순이익의 7% 상당)를 지식경영에 투자하고 있다. 컨설팅기관인 맥킨지는 매출의 10% 이상을, Ernst & Young은 매출의 6% 이상을 지식경영에 투자하고 있다. 이와 같이 많은 금액의 투자는 종업원에게 지식경영의 중요성을 단적으로 부각시키는 데에 기여하고 있다.

● **전략 5** : 최고경영층이 지식경영의 가시적인 역할을 수행한다.

|사례| 스칸디아사와 같이 지식자산을 연간보고서에 발표하거나, 다우케미컬사와 같이 특허자산을 파악하거나, 버크만 연구소와 같이 지식에 대한 전이 부서를 신설하는 것과 같은 지식경영의 가시적인 체제를 도입

할 수 있다.

아더 앤더슨의 시니어 파트너들은 KMS 내의 전자우편 파일에 종업원에 대한 질문을 던지고 다음날 10시까지 응답하도록 하여 KMS가 적극적으로 활용될 수 있도록 했다. 버크만 연구소의 최고 경영층은 새로운 KMS의 사용을 증가시키기 위해 콘테스트를 개최했으며 500번째 또는 1,000번째 메시지가 KMS에 도착하는 날짜와 시간을 알아서 맞추는 퀴즈를 제공했다. 또한 본사에 전화를 걸 경우 다음부터는 KMS를 통해 문의할 것을 요구했으며, 일부 분야에서는 KMS에서 제기되지 않은 질문은 아예 대답하지 않도록 했다.

2) 기술

- **전략 6** : 지식의 내역, 조직문화, 동기부여 등을 종합하여 기술을 개발한다.

- **전략 7** : 기술은 통해 조직 내부와 외부의 관련자들은 연계한다.

- **전략 8** : 기술을 통해 고객과의 접점에서 지식을 활용할 수 있도록 한다.

● **전략** 9 : 기술을 통해 조직의 지식을 구축한다.

● **전략** 10 : 사용자 중심의 기술을 개발한다.

3) 문화

● **전략** 11 : 학습조직을 추구한다. 지식경영에 대한 당위성 측면에서도 정규교육뿐만 아니라 평생교육의 중요성이 매우 중요하게 인식되고 있는 바, 기업 내외의 각종 연수나 대학(원) 등에서의 교육을 통한 지적능력 제고에 최선을 다 한다.

● **전략** 12 : 외부세계 지식과의 연계를 꾀한다.

|사례| NEC사는 일본 최초의 개인용 컴퓨터인 마이크로컴퓨터 TK-80을 개발할 때, 아키하바라 라는 쇼핑몰에 비트인(BIT-INN)이라는 서비스센터를 개설하고 고등학생부터 컴퓨터 매니아와 전문가에 이르기까지 다양한 고객을 접촉했다. 고객과의 계속적인 대화와 그로부터 얻은 지식이 개인용 컴퓨터의 베스트셀러인 PC-8000으로 이어졌다.

● **전략** 13 : 최일선 종업원에게 상호작용의 장을 제공한다.

|사례| 혼다의 혼다 시티, 마쓰시다 전기의 가정용 제빵기, 캐논의 미니복사기, 닛산의 프리메라 등의 신제품

개발은 기능 횡단적인 신제품 개발팀의 활동으로 이루어졌다.

합숙, 정례 회합, 포럼, 컨퍼런스 등과 같은 형태의 공식적, 비공식적 그룹 미팅에 참석할 수 있는 기회가 종업원에게 제공되어야 한다. 최일선 종업원은 외부에서도 지식을 획득할 수 있으므로 고객과의 정기적인 미팅이나 공동 작업에도 참여해야 한다.

● **전략** 14 : 지식노동자의 관심을 높인다.

|사례| 3M사와 같이 의미 있는 실패를 허용하여 될 수 있는 한 독창적인 것을 경험하도록 장려하거나, 샤프사의 금배지 제도와 같은 것들은 벌점을 두려워하지 않고 혁신적인 프로젝트를 수행하는 힘을 부과하는 것과 같은 효과를 추구할 수도 있다.

● **전략** 15 : 중간관리자의 역할에 유의한다.

4) 효과 측정

● **전략** 16 : 지식경영의 효과를 측정할 수 있는 방법을 찾아야 한다. 지식경영의 효과를 재무적으로 측정하는 것이 가장 이상적이나 쉽지 않으므로 사례 형태로 기록을 해 두는 것이 유리하다.

● **전략** 17 : 지식근간을 넓힐 수 있는 곳에 자원을 할당한다.

측정의 목표는 지식경영을 합리화하는 것보다는 지식근간을 넓힐 수 있는 투자 우선순위를 결정하는 데 있어야 한다. 이에 따라 지식경영의 효과를 측정하는 것도 중요하지만 지식에 관련된 특허, 기술, 경영방식, 고객과의 관계 등과 같은 무형자산도 측정해야 한다.

5) 지식관련 프로세스

● **전략** 18 : 핵심 성공요인을 파악한다.

첫째, 지식의 응용분야, 지식의 대상에 대한 적절한 믹스를 파악한다. 이에 따라 지식경영의 전략적인 서비스나 지원부문과 같은 중점관리 대상이 파악되어야 한다.

둘째, 사용자의 관점을 고려해야 한다. 중역, 기획담당, 연구 엔지니어, 운영담당의 관점을 파악하고 이들에 맞는 핵심 성공요인을 파악한다.

셋째, 업계의 특성을 고려해야 한다. 사용자 위주로 핵심 성공요인을 파악하는 데에 너무 치우치게 되면 업계의 특성을 무시하기 쉬우므로 업계의 현안까지 고려해야 한다.

● **전략** 19 : 통찰력을 제공할 수 있는 내역들이 지식분야의 대상이 되어야 한다.

첫째, Best Practice가 파악되고 공유되어야 한다. 벤치마킹을 통해 최고의 방법을 공유하고 구현할 수 있어야 한다.

둘째, 학습교훈이 공유되어야 한다. 특히 경험으로부터의 학습이 공유되어야 한다.

|사례| MSA사는 과거 위기상황에서 학습한 내역을 온라인 데이터베이스로 공유하고 있다. 온라인 데이터베이스는 ① 위기발생 시에 임시직 종업원일지라도 어떻게 처리하여야 하나, ② 성공적인 프로젝트는 어떻게 진행되었나, ③ 문제점에 대한 대책은 어떤 것인가 등으로 분류되어 있다.

Texas Instruments사는 내부의 Best Practice를 파악하고 공유한 결과 반도체 조립공장을 하나 설립하는 것만큼의 역량을 증대시킬 수 있었다.

● **전략 20** : 기업차원에서 효과를 얻을 수 있는 각종 네트워크 체제를 갖춘다.

|사례| 다우케미컬사는 지적자산기술센터를 수립하여 내부와 외부의 벤치마킹을 통해 최상의 방식을 파악하고 전파하도록 했다. Kaiser Permanente사는 카이저 품질개선 네트워크를 구축하여 동료가 무엇을 하고 있는가를 조사한 결과, 약 60개의 프로젝트들이 파악되었다. 셰브론사는 다음과 같은 네트워크 체제의 조직을 운영하고 있다.

① **10대 원가절감 사례** : 월간 소식지로 구현의 용이함까지 고

려한 원가절감 사례를 종업원에게 소개하고 있다.

② 에너지 네트워크 : 1년에 2회 컨퍼런스를 개최하여 에너지에 대한 토의를 수행한다. 100여명 이상이 참여하고 있다.

③ 품질 네트워크 : 국가 단위 또는 전 세계적으로 품질에 대해 토의한다. 대면 미팅이 원칙이나 참여하기 어려울 경우에는 전자우편 등으로 의견을 교환할 수 있다.

④ 품질적합도 검토팀 : 팀으로 품질을 검토한다. 검토팀에는 필요 시 외부인력까지 포함시킨다.

⑤ 홍보 네트워크 : 광고나 홍보에 대하여 전 세계적으로 벤치마킹을 수행한다.

⑥ 기업 잡지 : 기업에서 발생되는 현안을 소개한다.

⑦ 자원 지도(Map) : Best Practice 발견 팀을 구축하여 Best Practice를 파악하고 공유하기 위해 노력하며 때로는 전사적인 플랫폼을 추구한다.

● **전략 21** : 포럼을 활성화한다. 기업 내에 존재하는 각종 업무나 연구 관련 포럼들의 운영이 활성화될 수 있도록 적극 지원함으로써 포럼, 기업 내 연구나 세미나 등이 활성화되어 목적 달성이 가능하기 때문이다.

● **전략 22** : 지식관련 조직을 편성한다.

|사례| Ernst & Young은 22개의 지식관련 포럼과 조정자를 임명하였으며, 또한 각 부문별로 지식을 창출하고 유통하는 지식관리자도 임명했다.

- **전략 23** : 지식에 대한 책임을 종업원에게 부여한다.

|사례| Price Waterhouse사는 지식공유를 조장하기 위해 커리어 그리드(Career-Grid)를 개발했다. 커리어 그리드는 지식과 능력을 기준으로 모든 종업원을 6개의 카테고리로 분류하여 지식과 능력을 기준으로 승진체제를 전환하였다.

- **전략 24** : 지식 획득이 쉽게 이루어질 수 있도록 여러 방법론을 도입한다. 교육, 세미나, 포럼, 전자메일, 데이터베이스 등과 같은 여러 경로를 통해 종업원이 자기에 맞는 경로를 찾아 지식을 획득할 수 있어야 한다.

2 지식경영의 성공요인

1) 기존 연구 결과

아더 엔더슨과 APQC(American Productivity & Quality Center)가 공동으로 개발한 지식경영평가도구(KMAT)를 사용하여 150여

기관을 대상으로 조사한 결과에 따르면 지식경영의 중요 요소는 조직의 문화, 리더십, 기술, 프로세스, 측정 등의 순으로 나타났다.

MIT Sloan School of Management에서 24개 기업의 31개 지식경영 프로젝트를 대상으로 조사한 결과, 성공적으로 평가된 프로젝트의 경우 다음과 같은 공통적인 요소를 가지고 있다.

① 경제적인 성과 혹은 기업의 가치와 연결됨
② 기술적, 조직적 기반구조가 잘 갖추어져 있음
③ 표준화되고 유연한 지식 구조를 갖추고 있음
④ 지식 우호적인 문화를 가지고 있음
⑤ 조직원들 간에 명확한 목적과 통일된 개념을 공유
⑥ 지식의 전달을 위한 다양한 수단과 방법을 제시
⑦ 경영층의 다양한 지원

국내의 지식경영 관련 발표 자료에 소개된 성공요인도 리더십, 조직문화, 정보기술, 측정과 보상시스템, 조직기반 등인 것으로 나타났다. 지식경영의 성공요인에 대한 기존의 연구 결과를 리더십, 조직문화, 평가 및 동기부여, 기술기반, 조직기반으로 정리해보면 [표 7-1]과 같다.

표 7-1 지식경영 형태별 성공요인의 적용

지식경영형태 / 성공요인	인간 지향적	기술 지향적
리더십	지식의 습득·활용을 위한 대인 접촉강조	지식의 축적과 재사용성 강조
조직문화	상호협조, 대인관계	정보기술을 통한 정보·지식의 공유
평가 및 동기부여	원활한 업무협조 중요시	개인지식의 형식지화 및 활용 중요시
기술기반	의존도 보통	의존도 높음
조직기반	조식 구성원 및 외부 전문가간의 협력지원 및 관리	조직 내 지식의 분류 및 체계화, 분석 등의 지원과 관리

2) 지식경영 성공을 위한 체크리스트

- 당신의 지식집단의 구성원을 식별하고 연결할 것
- 대면접촉을 통한 관계성을 형성할 것
- 커뮤니케이션과 공동연구를 위한 기술을 사용할 것
- 새로운 행동양식의 중요성을 강조하는 경영층의 관리 지원과 훈련을 시킬 것
- 프로젝트의 착수와 재정 필요한 인적 자원의 제공을 통한 경영층 지원의 가시화할 것
- 분명하고 제한된 목표를 보여줄 수 있는 시험프로젝트로 시작할 것
- 성공 여부를 정량적, 정성적으로 측정할 수 있도록 함으

로써 평가가 가능하도록 할 것

- 예외 상황을 위한 여지를 마련할 것
- 조직 내에 지식에 대한 자유롭고 자발적인 참여 분위기를 조성할 것
- 지식의 공유에 따른 업무 부담을 줄일 것
- 리더가 명확한 비전을 제시할 것

3 지식경영의 장애요인

지식경영에 대한 투자에 비해서 효과를 보지 못한 기업들에 대한 한 조사 결과를 통해 KMS 구현의 장애요인을 살펴보면, 조직문화 부문이 58%, 기술적 지원 부문이 20%, 인식부족 부문이 15%, 비용 부문이 9%, 필요성 부족 부문이 3%로 나타났다. 즉 장애요인 중에서 가장 큰 장애요인으로는 인간과 관련된 요인이 매우 큰 것으로 나타났다.

이와 함께 공공기관의 특성에 따른 지식경영 장애요인을 분류해 보면 다음과 같다.

1) 기술 지향적 지식경영

(1) 기술 지향적 지식경영의 장애요인

기술 지향적 지식경영의 가장 큰 목표는 모든 지식을 가능한

형식지로 바꾸어서 지식의 재사용률을 높이는 것이다. 여기에서 중요 현안은 조직의 구성원이 지식의 습득 및 활용뿐만 아니라 지식 획득 및 생성의 주체라는 점이다.

공공기관의 특성에 따른 기술 지향적 지식경영의 장애요인은 다음과 같다.

- 상대적으로 낮은 정보기술 기반
- 낮은 정보기술 활용 능력
- 순환보직에 따른 업무 및 관련분야의 전문성 미흡
- 평가 및 동기부여를 위한 재원 확보의 어려움

(2) 기술 지향적 지식경영 체계 구축 시 고려사항

공공기관의 기술 지향적 지식경영 체계 구축 시 고려해야 할 사항을 정리하면 다음과 같다.

① 첨단 정보기술이 아닌 보편적인 정보기술을 사용하여 구현할 것

기술 지향적 지식경영의 경우, 정보기술의 영향을 많이 받기 때문에 첨단기술을 사용할수록 유리하다. 그러나 공공기관의 특성상 기존 정보시스템을 최대 활용하여 구축함으로써 폭넓은 활용을 기대할 수 있다. 또한 사용자별로 다양한 성능의 시스템을 갖추고 있음을 감안한 사용자 인터페이스의 제공이 필요하다.

② 초보자도 쉽게 사용할 수 있도록 구현할 것

개인의 정보기술 능력의 편차도 크고, 전반적인 수준도 민간에 비해 상대적으로 낮음을 감안하여 시스템을 구현할 필요가 있다.

③ 순환보직에 따른 전문성 저하의 위험을 보완할 것

조직의 구성원이 해당 분야에 대한 전문성을 확보해야만 조직 내에 축적되는 지식의 수준이 향상된다. 지식관리가 순환보직에 따른 전문성 저하를 방지할 수도 있지만 보다 중요한 것은 조직지식의 축적량과 수준이다.

④ 동기부여에 있어 금전적인 이익 이외에 요소를 고려할 것

공공기관은 민간에 비해 재원 확보의 융통성이 부족하다. 대부분 동기부여를 위해 금전적인 혜택을 주고 있으나 공공기관의 경우 이 외의 요소를 적극적으로 도입할 필요가 있다.

⑤ 한정적이고 분명한 목표를 갖춘 시험프로젝트부터 시작할 것

지식경영은 다른 정보기술과 달리 가시적인 성과가 신속하게 나타나지 않는다. 상부 관리자를 설득하기 위해서는 작은 규모의 시험 프로젝트를 성공시키는 것이 필수적이다.

⑥ 실패경험 및 실패사례를 등록할 수 있는 분위기를 조성할 것

특히 공공기관의 경우 실패사례를 드러내지 않는 경향이 심하다. 오히려 성공사례보다 실패사례를 통해 얻을 수 있는 것이 더 많을 수 있음을 적극적으로 홍보하고 구체적으로 보상할 필

요가 있다.

⑦ 평가에 있어서 지식의 생성뿐만 아니라 습득 및 활용에 대해서도 보상할 것

조직 내에 축적된 지식을 활용할수록 좋은 평가를 얻게 함으로써 지식활동이 보다 활성화될 수 있다.

2) 인간 지향적 지식경영

(1) 커뮤니케이션의 중요성

인간 지향적 지식경영의 원칙은 조직의 지식은 조직 구성원 개개인이 갖고 있는 지식의 합이라는 것이다. 따라서 조직 구성원들 간의 커뮤니케이션 기반은 문제의 해결을 위한 가장 중요한 수단이다. 즉 커뮤니케이션을 위한 기술적인 기반과 아울러 서로 협력할 수 있는 분위기의 조성이야말로 인간 지향적 형태의 지식경영이 성공할 수 있는 가장 큰 변수이다.

(2) 인간 지향적 지식경영의 장애요인

공공기관의 특성에 따른 인간 지향적 지식경영의 장애요인은 다음과 같다.

- 업무 담당자의 변동에 대한 지속적인 관리 미흡
- 미흡한 수준의 토론 문화

(3) 인간 지향적 지식경영 체계 구축 시 고려사항

공공기관의 인간 지향적 지식경영 체계 구축 시 고려해야 할 사항을 정리하면 다음과 같다.

① 정책 등 주요 업무 담당자 및 관련 전문가에 대한 지속적인 관리

순환보직에 따라 담당 업무가 바뀌더라도 담당자와 연결될 수 있도록 지속적인 관리가 필요하다. 또한 해당 업무 수행 시 참여한 관련 전문가들에 대한 정보도 유지해야 한다.

② 건전한 토론 문화의 정착을 위해 노력할 것

형식적이지 않고 자발적인 토론 문화의 형성을 통해 혁신적인 아이디어들이 자유롭게 발표될 수 있도록 할 필요가 있다.

③ 상호 지식공유 하는 것에 대한 조직차원의 동기부여를 제공할 것

자신이 필요한 지식을 타인과의 대화, 전자게시판 등을 통해 얻거나 다른 사람에게 제공하기 위해 드는 노력을 조직차원에서 적극적으로 권장하고 중요 업무로 인정해야만 한다.

Memo

Chapter 08

성공적인 지식경영 도입방안

1 지식경영전략 수립

1) 1단계 : 지식경영 문제점의 파악

전사적 관심을 유도하는 단계로 현재 단계에서는 주로 현재 조직이 가지고 있는 지식경영에서의 문제점을 파악하고 이를 분류하는 것이 주요 작업이다. 조직 내에서 발생 할 수 있는 지식과 관련된 유형별 문제점은 다음과 같다.

① 지식의 부재

- 부정확한 의사결정

- 불완전한 의사결정

② 지식전달의 불균형

- 인증되지 않은 사람이 전문성이 결여된 의사결정을 하도록 강요받음
- 비정형화된 의사결정

③ 지식 사용의 어려움

- 불충분한 지식 습득
- 시간 낭비
- 비정형화된 의사결정

④ 지식에 접근 불가능

- 부정확한 의사결정
- 불완전한 의사결정

2) 2단계 : 실무집단의 파악 및 정의

실무집단이란 실제업무에 있어서 동일한 관심사를 갖고 있는 조직집단을 말한다. 실무집단은 조직 내 지식경영의 기초단위가 되므로 이들을 정의하고 찾아내는 것이 지식경영 전략수립의 첫 걸음이 되는 것은 당연할 것이다. 일반적으로 실무집단을 찾아내는 가장 널리 알려진 방법은 기업의 전략을 분석하고 이러한 전략을 성공적으로 수행 할 수 있는 핵심 성공요인을 정의하고, 핵심 성공요인별 집단을 정의하는 방법이다.

3) 3단계 : 실무집단별 필요 지식의 파악

각 실무집단별로 어떠한 지식이 필요한지를 정의하여야 한다. 지식경영에서 말하는 실무집단의 필요지식 파악은 조직이 무엇을 알아야 하는가에 그 초점이 맞추어져 있다. 예를 들어, 지식경영에서의 필요지식이란 인사관리 부서에서 인사관리업무를 효과적이고 효율적으로 수행하기 위해서는 어떤 지식이 필요할 것인가 또는 어떠한 주제들이 토론되어야 할 것인가를 의미한다.

4) 4단계 : 측정지표의 설정

지식경영에는 반드시 효과에 대한 측정이 필요하다. 즉, 지식경영의 성과가 기업 또는 해당 조직의 성과에 얼마나 영향을 미치는지에 대한 평가가 있어야 한다는 것이다. 또한 이를 근거로 정략적인 목표에 대한 설정도 있어야 한다.

5) 5단계 : 지식청사진의 작성

작업진단과 필요한 지식의 파악이 끝났으면 이러한 지식이 어떠한 매개체를 통하여 어느 정도의 기간에 맞추어 해당 작업진단 구성원들에게 제고할 것인가 등을 결정하여 이 모든 것을 한눈에 조망할 수 있는 지식 청사진을 그리게 된다.

지식청사진은 크게 두 가지 종류가 있다. 하나는 전사적인 지식의 분류체계를 담아내는 것이고, 다른 하나는 각 작업집단의 전략과 필요지식, 목표 등을 기술하는 것이다.

6) 6단계 : 제반 환경의 점검

끝으로 이러한 지식경영전략이 조직 내에 제대로 실행될 수 있도록 제반환경의 정비가 필요하다. 여기서 제반환경의 정비란 구체적으로 다음과 같은 작업을 말한다.

- 최고경영층에게 지식경영에 대한 책임을 알리고 최고경영층이 담당해야 할 구체적인 활동과 목표, 관리지표를 설정한다.
- 조직 내 지식공유의 걸림돌은 무엇이 있는지 파악하고 이를 효과적으로 제거하기 위한 활동을 시작한다.
- 조직 구성원들이 업무와 KMS를 통한 지속적인 학습과 개선이 일어날 수 있는 제도를 마련한다.
- KMS를 관리할 수 있는 사용자 그룹을 조직하고 이들에게 권한을 부여한다.

2 성공적인 지식경영방법론

여기에서는 상기한 지식경영을 어떻게 추진하는가 하는 방법론에 대하여 기술하고자 한다. 방법론에는 기업이나 조직의 문화와 특성에 따라 다양한 방법이 있을 것이나 가장 중요하고 기본적인 방법론만을 중심으로 검토하고자 한다.

1) 지식경영 조직의 구성

CKO(Chief Knowledge Officer)나 CLO(Chief Learning Officer)를 임명하고 각 기능 팀에서 중간관리자와 조직원들 중 1명씩을 임명하여 지식경영조직을 구성한다. 이 태스크포스팀은 지식경영에 대한 학습과 전체적인 구축 스케줄, 벤치마킹 전략까지를 포함하는 프로젝트를 수립하고 추진한다.

2) 무형자산의 분류

각 기업이나 조직은 앞에서 언급한 각종 무형자산 중, 어떤 무형자산들이 있는가를 먼저 파악하여야 한다. 각 하부조직으로부터 조사를 하여 조직이 갖고 있는 각종 무형자산을 조사하도록 한다. 각각 개인은 개인이 갖고 있는 무형자산을, 팀장은 팀 내의 무형자산을, 그리고 최고경영자도 최고경영자가 생각하는 무형자산을 모두 다 기록하도록 한다.

그 다음 이 프로젝트를 추진하는 태스크포스팀에 의해 이를 유형별로 정리하여 최고경영자와의 토론을 거쳐 자사의 무형자산을 정리하는 것이다. 여기서 반드시 동시에 진행되어야 하는 것은 무형자산을 파악하면서 동시에 그것들을 어떻게 측정할 것인가도 함께 질문해야 한다는 점이다. 이렇게 하여 모든 조직원들이 동감한 무형자산과 그 측정방안을 파악하도록 한다.

이렇게 파악된 무형자산은 유형별로 정리한 다음 어느 정도 포커스를 두어야 하는지를 정해야 한다. 또한 무형자산은 기업의 비즈니스전략과 맥을 같이하여야 한다. 조직원들이 비즈니스를 추진하면서 동시에 무형자산의 가치를 높이게 해야 참여도가 높아지기 때문이다.

3) 무형 자산가치 향상을 위한 인적자산의 파악 및 운영

① 조직원들의 스킬을 찾는다.

그 다음 단계는 분류된 무형자산과 측정방법에 따라 모든 조직원들의 스킬을 찾아야 한다. 즉 각 개인이나 팀의 스킬이나 경쟁력을 찾아내어 표준화하고 그에 따르는 능력개발을 시도해야 한다. 아무리 분류된 무형자산을 찾아내고 매년 측정한다 하더라도, 그 결과는 바로 인적자산의 능력과 노력여하에 따라 성공과 실패가 좌우된다. 따라서 각 개인과 팀의 능력을 찾아내어 개발하고 향상시키는 것이 가장 중요한 것이다.

② 두 가지의 가정

- 모든 사람들은 우리가 그들에게 요구하는 그 이상의 능력을 소유하고 있다.
- 적당한 매트릭스를 이용하여 그들에게 동기를 부여한다면, 모든 사람들은 기대이상으로 할 수 있다.

③ 실행방안 검토

이러한 상황에서 그들의 능력을 기대 이상으로 수행할 수 있게 하는 방법으로 실행방안을 검토해 보면 바로 그들의 능력과 기술을 찾아내는 것 즉, 측정 매트릭스를 이용하는 것이다. 제일 먼저 동등한 부서나 직무에서 가장 우수한 부서와 직무를 찾아내어 그들이 수행하는 베스트 능력, 베스트 기술, 베스트 프로세스, 베스트 자격 등을 찾아내어 하나의 표준 직무기술이나 표준 부서로 선정하여 시작한다.

④ 선행 조건

이는 반드시 정보기술에 의하여 의도적으로 도입 실천해야 하는데, 최고경영자로부터 동의를 사전에 얻어야 하는 다음의 몇 가지 조건이 선행되어야 한다.

- 스킬이나 역량을 찾아내고 개발하는 팀을 구성하고 그러한 능력을 정의, 측정, 개발하는데 대한 특별한 책임감을 부여해야 한다. 이는 앞에서 언급한 태스크포스팀이 지속적으로 수행하도록 하게 한다.
- 담당 부서장이나 관리자들로 하여금 부하 직원들의 능력을 평가하고 정할 수 있는 책임감을 심어야 한다.
- 최고경영자나 경영진들은 이에 대한 지속적인 관심과 격려, 그리고 다음 표준의 향상된 능력을 개발하기 위한 지속적인 개발, 전개, 아웃소싱, 전략수립, 기술구입 등을 위한 전략적인 지원을 해야 한다.

4) 표준능력 향상방법

이러한 표준 모델을 찾아내고 개발해 놓으면, 그 다음 단계는 개개인의 능력을 측정하여 직원들의 능력 차이를 찾아내어 표준능력으로 향상시키면 되는 것인데, 주로 이러한 능력관리는 정보시스템 부서 또는 기술 부서에서 제일 먼저 도입 실천할 수 있다.

우선 각 개인들의 수많은 능력들을 개발할 수 있는 적당한 소프트웨어 툴이 필요하다. 여기에서 대부분의 실수는 너무 소프트웨어 선정에 강조를 하다 회사의 조직적이고도 전략적인 부분을 놓친다는 것이다. 개개인들의 능력 또는 업무나 조직의 능력을 소프트웨어 담는 것이 중요한 것이 아니라, 바로 그러한 능력 중심의 조직문화와 이를 바탕으로 생산성을 향상시킨다는 개념이 보다 중요한 것이다.

3 성공적인 지식경영 도입을 위한 검토사항

지식전략의 최종적인 성공은 전략의 내용이 아니라 바로 인간과 프로세스라는 것을 염두에 둔 기업과 각종 조직의 경영합리화와 능률의 향상에 최종 목표를 두고 있다.

(1) 사업전략에 대한 명확한 연계

지식전략이란 것이 현재의 사업전략과는 약간 분리된 것인가, 아니면 완전히 다른 것인가, 지식과 노하우가 사업전략에 어떻게 가치를 부가하는 가 등이다. 다시 말해서 사업전략에서 나올 수 있는 개발 가능한 지식상품, 지식프로세스, 지식전문기술은 무엇인가 등에 대한 검토가 필요하다.

(2) 지식우위에 대한 정확한 이해

기업과 각종 조직에서 논의되는 지식은 어느 정도인가? 논의된 지식들은 내부적으로 정확히 이해되고 있는가에 대한 정확한 이해가 우선적으로 요구되어야 한다. 이 지식이 신상품 계획, 마케팅 계획, 예산편성 등 핵심적인 요소로 거점을 확보하고 있는지의 여부에 대한 검토가 필요하다.

(3) 강력한 비전과 구조

경영상의 중요한 결정방향을 안내해 주는 비즈니스 프레임워크에 지식이 포함되어 있는지 또는 투자가들은 무형의 지식아이디어에 수백만 달러를 지불할 의향이 있는지의 여부 등에 대한 검토가 필요하다.

(4) 지식 리더십과 지식 챔피언십

기업과 각종 조직 전체를 통틀어서 지식일정표(agenda)를 열정적으로 추진하는 주도세력이 있는지, 조직의 최고경영자는 사업의 성공에 있어서 지식이 필수적이라는 사실을 반복해서 언급하고 있는지 여부 등에 대한 검토가 필요하다.

(5) 체계적 지식프로세스

지식을 내부와 외부에서 획득하고 그것을 조직화하여 기업 전체가 공유할 수 있도록 하는 체계적 프로세스를 가지고 있는지, 지식창출과 이노베이션을 강화시키는 프로세스가 있는지, 나아가 지식자산을 보호할 수 있는 정책과 절차들이 내부적으로 마련되어 있는지 여부 등에 대한 검토가 필요하다.

(6) 지식인프라의 확보

컴퓨터와 커뮤니케이션 네트워크를 통해 직원들이 동료직원 및 정보에 서로 접근하는 것이 용이한지, 이러한 네트워크가 조직 외부-고객, 공급자, 세계적 수준의 전문가들에게로 확장되어 있는지, 나아가 기업문화가 이노베이션과 학습을 효율적으로 조장하고 있는지, 조직구조는 유연하고 적응력이 있는지, 인사시스템은 개인과 팀의 지식공헌을 인정하고 보상하는 방식으로 되어 있는지의 여부에 대한 검토가 필요하다.

(7) 지식자산의 평가

지식의 공헌도 측정, 무형자산 가치를 평가, 평가 시 재정경제지표와 가치창조의 토대가 되는 비재정지표 간의 균형이 적절한 여부, 지식흐름평가 여부 등에 대한 검토가 필요하다.

4 지식경영 Leaders와 Laggards의 특징

1) 지식경영 Leaders 특징

① 시기나 지식경영에 관련해 무엇을 할 것인가에 관한 비전을 확실히 제시할 수 있다. 자신의 비즈니스, 비즈니스 환경, 지식의 목표 등에 관해 명확히 알고 있다.

② 최고경영층에 의하여 지원을 받는 열성적인 지식챔피언들을 보유하고 있다.

③ 전략적이고 기술적이며 조직적인 전망을 포괄한 전체적인 전망을 가지고 있다.

④ 체계적인 공정과 프레임워크를 이용한다.

⑤ 비용절감의 이익을 산출하기 어렵다 할지라도, 지식에 승부를 건다.

⑥ 모든 마케팅 전술이나 PR 등 효과적인 커뮤니케이션 수단을 이용한다.

⑦ 어떤 계층의 고객들이나 외부의 전문가들과도 효과적인 인터액션을 수행한다. 즉 내외부적으로 넓은 인적 네트워크를 구축한다.

⑧ 다양한 분야의 전문 인력으로 구성된 팀으로 뛰어난 팀워을 발휘한다.

⑨ 개방적이고 탐구하는 분위기를 유지해 혁신과 학습을 장려한다.

⑩ 행동변화를 위해 인센티브제도, 개인 개발 프로그램 등을 개발한다.

2) 지식경영 Laggards 특징

① 지식을 단순히 정보나 DB 모델로 규정하고, 지식이 무엇에 대한 것인지에 대한 이해도 없이 지식이라는 이름을 적용한다.

② 가장 유용한 것이 아닌 가장 얻기 쉬운 지식을 묶어 전파한다.

③ 강력한 경영지원 없이 개별적인 고립상태에서 일한다. 따라서 KMS의 운영이 전체 조직을 포괄하는 것이 아니라 경영정보시스템과 같이 하나의 부서에 국한되게 된다.

④ 새로운 지식창출이나 이노베이션 등의 전 프로세스보다는 단지 지식공유와 같은 짓기의 작은 측면에만 몰두한다.

⑤ 관련 지식분야에 대한 이해 없이 맹목적으로 BPR과 같은 변화프로세스를 따른다.

⑥ 어떤 중요한 지식이 손실될 수 있는가를 평가하지도 않고, 다운사이징이나 아웃소싱 등을 실행한다.

⑦ 기술만이 유일한 해답이라고 생각한다. 예를 들어, 이들이 개발한 전문가시스템은 지식을 체계화하여 사용하는 방법일 뿐이다.

⑧ 지식의 힘이라는 풍토에서 비롯되었을지도 모르는 문화적

장벽을 가지고 있다.

⑨ 우리는 모든 것을 통달하고 있다고 생각하기 때문에 새로운 아이디어에 대해 열정이 없다.

⑩ 지식경영을 또 다른 단기 프로젝트나 프로그램으로 생각하며 조급해한다. 새로운 시스템이나 행동양식이 정착하는 데 걸리는 시간을 고려하지 않는다.

5 지식경영에 대한 경영자의 잘못된 인식

(1) 지식경영은 곧 KMS이다.

KMS와 조직 구성원들이 융합할 수 있는 기업의 조정 노력이 없다. 조직 구성원들의 효율적인 지식축적 및 공유, 새로운 지식의 창출은 KMS 없이는 불가능하다. 하지만 실질적으로 부가가치를 창출할 수 있는 지식은 조직 구성원들에게 있으며 이들이 지식경영시스템에 융화되지 못한다면 아무리 뛰어난 시스템이라 해도 무용지물이다.

ISP 업체인 미국의 U.S. Postal Service사는 초기 성공적인 KMS의 구축으로 인터넷과 지식경영의 최적의 결합사례로 예상되었지만, 실제 조직 구성원들의 외면으로 오히려 최악의 조합사례로 남게 되었다.

(2) 실패 우려로 전사적이 아닌 부분적 시스템의 구축을 지향한다.

실제로 많은 기업들은 지식 경영활동이 실패할 경우 조직 구성원들에게 미치는 영향을 고려해 초기에는 기업에 큰 영향을 미치지 않는 사소한 문제의 해결에서부터 지식경영 프로젝트를 시작한다.

하지만 지식경영 프로젝트는 관리자나 조직 구성원들로부터 적극적인 주목을 받을 수 없으며, 성공한다 하더라도 기업이 창출하고자 하는 부가가치에 별다른 영향을 미치지 못함으로써 지식경영 활동이 전사적으로 확산 되도록 하는 계기를 제공하지 못한다.

(3) 당장 가시적 성과가 있어야 지식경영에 투자할 수 있다.

단기적인 성과 위주의 평가나 보상은 지식경영 활동을 위축시킬 수 있다. 최근 대부분 기업들이 성과 위주의 평가와 보상을 실시하거나 이를 실시할 계획을 갖고 있으며, 성과의 측정을 위해 단기적인 성과에 치중하는 경향이 많다. 그러나 지식경영 활동은 지식의 축적, 공유, 창출 등의 사업적 측면뿐만 아니라 조직 구성원들의 교육과 훈련의 목적도 함께 가지고 있으며, 이러한 지식경영 활동의 목적은 단기적으로 달성되기보다는 보다 장기적인 기업문화의 형태로 달성되는 것이 바람직하다.

인터넷전략 컨설팅 기업인 Viant사는 조직 구성원들을 평가하고 보상하기 위해 총 8가지의 성과측정 기준을 활용하고 있다.

이 측정기준 가운데 5개가 성장 및 학습성과 기준이며 이 기준들에 의해 전체 보상의 60%가 결정된다. Viant사는 장기적 성과 위주의 평가 및 보상을 통해 지식경영의 중요성을 조직 구성원에게 전달하고 있다.

(4) 지식경영을 위해 우선 자료부터 수집한다.

지식경영활동 수행 시 우선 순위를 조직 구성원의 지식경영 마인드를 형성하는데 두기보다는 전사적인 정보데이터의 축적에 두는 것도 지식경영활동이 실패하는 주요한 요인이다. KMS에 축적되는 데이터는 단지 데이터일 뿐이다. 조직 구성원 누군가가 이를 활용하여 새로운 지식을 창출할 때 비로소 활용 가능한 지식이 될 수 있기 때문이다.

이런 목표를 달성하기 위해서 기업은 자료의 축적에 자원을 투자하기보다는 조직구성원들 간에 지식경영활동을 위한 공동체가 형성될 수 있도록 동기부여하고 지식경영활동을 통한 피드백을 지속적으로 제공하는 것이 필요하다.

(5) 지식경영문화는 KMS가 구축되면 자연히 형성된다.

리더십의 부족이나 근시안적인 비전, 변화에 대한 거부감 등 조직 문화적인 측면을 소홀히 여기는 것도 지식경영 활동이 실패하는 요인이다. 실제 많은 기업들이 지식경영의 문화를 형성하는데 많은 시간이 소요되므로 우선 KMS부터 구축하겠다는 계획부터 갖고 있으며, 이것이 대부분의 실패하는 기업들의 주요 요인으로 지적되고 있다. 즉 지식경영 효과가 극대화되기 위해서는 지식경영의 기업문화와 KMS가 통합되어야 한다.

그 외에 조직 구성원들의 지식을 전사적으로 공유하고 이를 사업의 목적을 달성하기 위한 아이디어로 재창출하는 등 지식경영의 문화를 조직 구성원에게 전파하는 데는 관리자의 리더십이 필수적이다. 또한 관리자들의 리더십도 중요하지만 간과해서는 안 되는 것은 조직 구성원들이 모두 지식경영 활동의 실행자이며 관리자임을 인식하도록 동기를 부여해야 한다는 점이다.

6 지식경영시스템에 대한 잘못된 오해들

(1) 시스템만 구축하면 구성원들은 저절로 변할 것이다.

오늘날 많은 기업들이 시스템을 중심으로 지식경영을 생각하고 있으며 KMS를 구축하는 것도 중요한 일이다. 그러나 아무리 좋은 시스템을 갖춘다 해도 직원 개개인을 스스로 부가가치를 창출하는 지식 근로자로 변화시키지 못한다면 그림의 떡에 불과할 것이다.

(2) 모든 정보는 지식이 될 수 있다.

업무 매뉴얼, 인사관리 매뉴얼 등을 인트라넷에 올려놓고 흡

족해 하는 기업들이 많다. 모든 정보가 지식이 되는 것은 아니다. 사소한 정보까지 KMS에 섞여 버린다면 정말 필요한 지식이 무엇인지를 인식 못할 가능성이 그만큼 커지는 것이다.

(3) 지식과 같은 단어는 왠지 거부감이 든다.

지식 혹은 지식인 하면 거부감을 느끼는 사람이 많다. 그러나 지식경영은 말 그대로 지식을 관리하는 것이다. 이를 다른 이름, 즉 벤치마킹이나 Best Practice 등으로 바꾼다면 왠지 거부감이 들지도 모른다.

(4) 모든 구성원은 지식경영자가 될 수 있다.

'모든 사람의 업무는 그 누구의 업무도 아니다' 라는 말이 있다. 기업 내에 지식경영을 전담하는 사람이 반드시 존재해야 한다. 그 사람을 지식담당 최고책임자(CKO)로 부르든, 정보담당 최고책임자(CIO)로 부르든 명칭은 중요하지 않다.

(5) 원칙만 철저하게 지키면 된다.

아무리 최고경영자가 지식경영에 대해 적극적이라고 하더라도 성과가 나타나지 않으면 곤란하다. 만약 성과 없는 상황이 지속될 경우 지식경영은 하나의 유행이 될지 모르기 때문이다. 지식경영을 함으로써 기업의 가치가 얼마나 달라졌는지, 즉 얼마나 성과가 높아졌는지를 측정할 수 있는 수단을 개발하고 수

시로 평가해야 한다.

(6) 무조건 쉬워야 한다.

모든 조치를 다 했음에도 불구하고 직원들의 참여도가 낮다면 이는 KMS 사용이 어렵기 때문만은 아닐 것이다. 직원들이 지식에 대한 필요성이나 관심을 느끼고 있는지 또는 지식경영을 위해 협조하는 정립됐는지를 살펴야 한다. 즉 쉽게 할 수 있기 때문이 아니라 왜 하는지 알고 있어야 한다.

(7) 하의상달이 좋다.

최고경영자의 강력한 의지 없는 지식경영은 시도할 가치조차 없다. 비록 직원들의 제안으로 지식경영을 도입했다 하더라도 최고경영자가 이에 대해 책임을 지고 추진할 때에만 성공할 수 있기 때문이다.

7 지식경영을 위한 과제

한국 기업의 지식경영 도입실태와 문제점들을 감안하면 우리 기업들이 지식경영을 정착시키기 위해서는 매우 폭넓고 깊은 대응이 있어야 함을 알 수 있다. 기업들이 지식경영을 경영의 기본으로 삼기 위해서는 무엇보다도 지식경영에 대한 마인드를 제고하는 이른바 조직문화적 접근이 우선적으로 추구되어야 한다.

1) 기업문화의 재정립

기업문화는 국가문화와 마찬가지로 오랜 기간 축적된 관행과 의식절차에 의해 점진적으로 형성된 조직구성원들의 정신적 행동규범으로서 쉽게 변경되지 않는 속성이 있다. 그러나 기업이나 조직의 문화는 관리가 가능하다는 견해가 점차 설득력을 얻고 있으며, 이를 통해 기업의 전략이나 경영관행을 변경시킬 수 있다고 한다.

기업문화는 조직구성원들이 공유한 규범이나 관행이지만, 조직문화의 형성에 가장 큰 영향을 미치는 요소는 역시 최고경영자의 마인드와 실천의지가 지식경영을 정착시키는 가장 중요한 요소가 된다고 하겠다.

따라서 지식경영의 확산을 위해서는 무엇보다도 지식이 경쟁력의 원천이 된다는 믿음과 의지 즉, 최고경영자의 의식구조가 중요하다. 최고경영자가 지식의 창출, 공유 및 활용으로 이어지는 지식 프로세스의 중요성을 절감하고 조직 구성원들에게 확산시키려는 시스템적 노력이 필요하다.

또한 종업원의 창의력을 정당하게 평가하고 적절히 보상함으로써 종업원 스스로가 지식활동에 높은 가치를 부여할 수 있도록 해야 한다. 정부나 기업 등 모든 조직이 실패를 인정하지 않는 문화가 고착되어 있어 이를 시정하는 것이 지식경영을 정착시키는 선결과제이다. 즉 실패를 인정하고 실패의 교훈을 조직의 지식으로 흡수하고 축적시키려는 기업문화를 개발해야 하는 것이다. 실패를 인정하지 않을 경우 종업원을 소극적으로 또 위험을 기피하는 방향으로 유도하기 때문에 혁신을 기대할 수 없다.

한국 기업들이 지식경영을 추구하기가 어려운 또 하나의 이유는 관료주의가 팽배해 있다는 점이다. 이처럼 관료주의나 이에 불가피하게 수반되는 계층구조는 그 필요성과 잠재력에도 불구하고 지식경영에서는 피해야만 할 중요한 이유가 있다. 그것은 관료주의가 핵심적인 통제수단으로서 기계모델을 채택하고 있기 때문이다.

지식경영이 효과적으로 추진되기 위해서는 관료주의에서 탈피하여 종적으로 횡적으로 자유롭게 의사소통이 이루어질 수 있는 조직구조를 형성해야 한다. 변화가 큰 폭으로 일어나는 기업 환경에서 권위주의적인 의사결정구조는 결코 성공할 수 없다는 사실도 깨달아야 한다. 관료주의가 만연하게 되면 상층부의 관리들은 기득권을 수호하는데 많은 에너지를 허비하고, 하층의 종업원들은 기존질서를 파괴하는데 많은 에너지를 허비하게 된다. 따라서 의사소통과 지식공유가 활발하게 이루어질 수 있는 팀 경영과 같은 조직구조로 전환해야 할 필요성이 강력하게 대두되는 것이다.

2) 지식창출과 공유의 활성화

지식창출과 공유를 활성화하기 위해서는 조직 자체가 지식 조직으로 형성되어야 한다. 지식조직은 앞에서 기술한 조직문화가 바탕이 되어야 가능하다. 문화적인 뒷받침 즉, 의식구조와 행동양식이 개방적이고도 도전적으로 형성되지 않으면 새로운 지식의 창출과 도입된 지식의 공유는 기대할 수 없는 것이다.

이러한 문화적인 바탕 위에서 조직구조 자체가 지식의 창출과 공유를 촉진하는 방향으로 형성될 필요가 있다. 의식구조가 아무리 지식의 창출과 공유를 촉진하는 방향으로 형성된다 하더라도 시스템이 이를 수용할 수 없다면 효과가 없기 때문이다.

지식창출과 공유를 촉진하는 수단으로서 아직까지는 연구개발을 능가하는 것이 없다. 대표적인 지식경영 활동이라고 할 수 있는 연구개발이 효과적으로 이루어지기 위해서는 전체 지식경영시스템이 이를 뒷받침하는 방향으로 구축되어야 한다. 지식경영시스템의 구축에 있어서 우리 기업들이 오류를 범하고 있는 것은 기존의 사내 의사소통 기구였던 그룹웨어, 인트라넷, 데이터베이스, 검색시스템 등을 KMS의 전부로 착각하고 있는 것이다.

이처럼 우리 기업들이 지식의 창출과 공유를 위한 시스템의 구축에 하드웨어적인 접근에만 관심을 갖고 정작 중요한 소프트웨어적인 면은 도외시함으로써 지식경영이 제대로 이루어지지 않고 있다. KMS에 있어 소프트웨어적인 부분은 앞서 언급한 지식콘텐츠뿐만 아니라 문화적인 요소도 매우 중요하다. 지식 창출 및 공유 기회를 확대하는 방향으로 기업을 운영하는 것보다 더 중요한 지식경영시스템은 없다고 해도 과언이 아니다.

한편 지식경영이 개념적으로 정립이 되더라도 실질적으로 잘 이루어지지 않는 것은 지식활동에 대한 정의나 범위가 명확히 설정되지 않고, 지식활동에 대한 평가가 이루어지지 않기 때문이다. 또한 기업별 또는 조직별로 지식활동의 내용이 다르므로 조직의 특성에 맞도록 지식활동을 개념 정립할 필요가 있다.

지식활동에 대한 평가기준을 마련하여 이를 일관성 있게 적용함으로써 지식활동이 업무의 중심이 되도록 유도하는 것도 중요하다. 아울러 지식활동에 대해 적절히 보상함으로써 지식활동에 대한 동기유인이 이루어지도록 하는 것도 필요하다.

기업내부의 비공식 네트워크를 촉진하고 지원함은 물론 기업외부와의 공식·비공식 네트워크의 구축 및 활동을 적극 장려하여 지식흡수와 공유가 원활하게 이루어 질 수 있도록 해야 한다. 이를 위해 학회, 세미나, 업무연수 등 지식공유 활동에의 참여를 적극 권장하고 이를 긍정적인 관점에서 평가하는 것이 필요하다.

3) 조직 프로세스의 개발

경영패러다임을 지식경영으로 전환시켜야 하는 원인은 여러

면에서 생각할 수 있으나 가장 본질적인 것은 경영환경의 변화가 매우 빠른 속도로 일어나고 있다는 점을 들 수 있다. 정보통신기술의 급속한 발전으로 정보와 지식이 실시간으로 전 세계에 전달되고 있기 때문에 변화가 그만큼 빠른 속도로 일어나는 것이다. 이러한 변화의 속도를 수용하지 못하면 그만큼 치열해진 경쟁에서 살아남을 수 없는 것이 현실이다.

변화에 효과적으로 대응하기 위해서는 기업의 역량을 종전의 제품중심에서 조직 프로세스 중심으로 전환시키는 것이 매우 중요하다. 제품 중심적 경영이 단기적인 변화에 대응하는 것이라면, 조직 프로세스 중심적 경영은 장기적인 변화에 대응하는 전략이라고 할 수 있다. 또한 기술혁신이 시장의 변화를 따르지 못하는 경우가 많기 때문에 새로운 제품과 서비스가 혁신기술보다는 창의적인 아이디어에 기초하는 경우가 많아진다.

이처럼 창의적인 아이디어가 경쟁우위를 결정하는 근간이 되면 제품 중심의 사고로는 빠른 변화에 효과적으로 대응할 수 없게 된다. 즉 제품에 몰입하다 보면 제품의 근간에서 일어나는 본질적인 변화를 감지하지 못하게 되는 것이다.

장기적인 관점에서의 역량은 무엇보다도 학습을 통하여 이루어지므로 학습의 기회를 확대하고 그 질적 수준을 제고해야 한다. 학습은 기업의 잠재력을 배양하는 투자이지 이것이 결코 비용일 수는 없다. 학습의 목표를 분명하게 설정하고 학습의 과정과 결과에 대한 평가를 엄격하게 실시하여 학습이 실질적으로 기업의 역량배양에 보탬이 되도록 해야 한다.

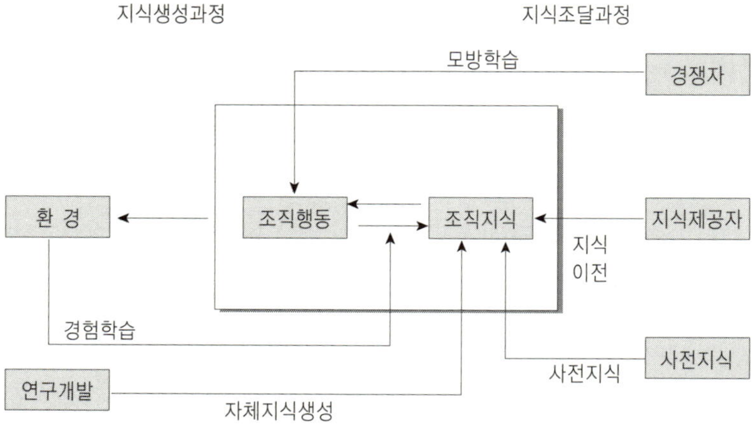

그림 8-1 한국 기업의 조직학습 모형

이상의 내용에서 조직 프로세스를 결정하는 가장 중요한 요소는 기업의 핵심역량이라는 점을 인식하고 기업의 핵심역량이 무엇인지를 정확히 식별해내는 것이 중요하다. 또한 핵심역량은 단기간에 형성되는 것이 결코 아니므로 인내를 가지고 이를 꾸준하게 배양하고 축적하는 노력이 요구된다.

Chapter 09

핵심역량과 아웃소싱전략

경영혁신(Management Innovation)이란 기업의 목표를 달성하기 위해 새로운 생각이나 방법으로 기존업무를 다시 계획하고 조직화하여 지휘하고 통제하는 것이다. 즉 새로운 제품이나 서비스, 새로운 생산 공정기술, 새로운 업무구조나 관리시스템, 조직원을 변화시키는 새로운 계획이나 프로그램 등을 의도적으로 실행함으로써 기업의 중요한 부분을 본질적으로 변화시키는 것을 말한다.

이러한 경영혁신전략 중 국내의 다수 기업들이 적극 도입했거나 고려하고 있는 것이 아웃소싱(out-sourcing) 전략이다. 급변하는 경영환경에 적절히 대응하기 위해서는 조직의 몸집은 가벼워져야 하며 필요 없는 기능은 과감히 버려야 한다. 설사 필요하다고 하더라도 자력으로 모두 해야 할 필요는 없다. 일부 기능은 외부에 맡기고 핵심역량에 모든 힘을 집중하면 몸집은 가벼우면서도(light) 더욱 강한(strong) 기업이 될 수 있는 것이다.

1 핵심역량

1) 핵심역량의 개념

핵심역량(Core Competences)이란 여러 조직단위에 내재되거나 통합되어 있는 능력이나 기술의 조합이며 눈에 보이지 않는 거대한 무형자산이다. 이는 기업 활동의 전 과정 중의 하나 또는 여러 측면에서 세계 최고의 자리를 확보하게 하는 능력이다. 또 핵심역량은 과거에 그 기업을 이끌어 왔으며, 적절하게 전환하거나 추가의 역량을 축적시키면서 미래성장의 견인차 역할을 할 수 있는 기업내부에 공유되고 있는 기업 특유의 총체적인 능력, 기술, 지식, 문화 등을 의미한다(이광현, 2000).

이렇듯 핵심역량은 문자 그대로 기업의 핵심(core)을 이루는 능력(competences)으로써, 다른 기업은 불가능한 이익을 고객에게 제공할 수 있는 기업 내부에 숨겨진 독자적인 능력과 기술의 집합체이다.

구체적으로는 경쟁사보다 몇 단계 뛰어난 수준에서 고객에게 이익을 제공할 수 있는 힘, 조직성원의 힘을 결집하여 새로운 기술·기능을 만들어내는 힘, 그것을 다양한 상품에 응용·발전시키는 힘, 조직성원이 하나가 되어 환경변화에 재빠르게 대응하는 힘 등을 말한다.

2) 핵심역량의 특징

① 핵심역량은 제품이나 기능이 아닌 능력이나 지식의 집합이다.

② 핵심역량은 최종제품에 대하여 고객이 느끼는 편익을 증대시켜 준다.

③ 핵심역량은 한정된 초점을 맞추어야 한다.

④ 핵심역량은 경쟁자들이 흉내 내기가 어려워야 한다.

⑤ 핵심역량은 경쟁상대를 능가할 수 있는 분야이다.

⑥ 지속적으로 축적되어 더 큰 역량을 발휘할 수 있다.

⑦ 핵심역량은 조직시스템으로 이식되어야 한다.

⑧ 핵심역량은 매우 다양한 시장(사업)으로 진출할 수 있는 가능성을 제공하여 준다.

3) 핵심역량의 중요 요소

(1) 통찰력과 예견력

- 기술적·과학적 지식 : 캐논사가 혁신적 제품을 연이어 내

놓을 수 있는 것은 과학분야에 관한 타의 추종을 불허하는 깊이 있는 지식을 축적해 놓았기 때문이다.

- 데이터 보유 : 1980년대에 시티뱅크사는 성공적으로 신용카드시장에 진출했다. 이는 오랫동안 시티뱅크사가 축적한 소비자의 소비형태에 대한 데이터 덕분이었다.

- 정보접근능력 : 필요한 정보를 수집하고, 관리·저장할 수 있는 능력이다.

- 창의력 : 월트디즈니사가 만화영화사업에 뛰어들 수 있었던 것과 3M사가 포스트잇을 개발한 것도 번득이는 영감을 상품화할 수 있었기 때문이다.

- 탁월한 분석능력 : 수집한 정보를 필요에 따라 분석하고 이용할 수 있는 능력이다.

(2) 업무실행능력

최종 상품과 서비스 질은 현장 근로자 개개인에게 달려 있다. 현장 근로자 개개인이 차별화에 대한 인식을 갖추지 못한다면, 업무실행능력에서 경쟁우위도 획득할 수 없다.

4) 핵심역량 경영의 단계

(1) 1단계 : 우리가 핵심역량에 바탕을 둔 경영을 왜 해야 하는지에 대한 조직구성원의 공감대 형성을 통한 의식개혁 작업을 선행한다.

(2) 2단계 : 조직구성원들에게 기업이 나아가야 할 방향인 명쾌한 비전을 제시한다.

(3) 3단계 : 자사의 가장 뛰어난 부문에 초점을 맞추고, 이것을 더 잘하기 위해 무엇이 필요한가를 찾아낸다. 이를 위해 선도 기업을 벤치마킹하는 것이 필요하다.

(4) 4단계 : 산업의 추세가 어떻게 변하고 있는가를 주시하여 미래의 요구를 파악한다.

(5) 5단계 : 기존역량을 어떻게 지속적으로 축적할 수 있는가, 더 나아가 기존 역량에 외부의 어떠한 기술, 서비스, 제품 등을 연결시키면 더욱 새로운 핵심역량을 만들 수 있는가에 대해 검토한다. 이를 위해 보다 미래 지향적이고 역동적인 전략이 필요하며, 각 사업부별의 시각이 아니라 기업 전체적인 시각에서 사업부 내에 공존하는 기술, 지식, 경험, 문화 등을 바로보고, 더 나아가 이러한 역량의 기업 전체적인 연계성을 중시해야 한다.

(6) 6단계 : 미래 성장분야로 어떻게 다각화를 추구할 것이며, 기업의 기존 사업구조를 어떻게 리스트럭처링 할 것인가를 심각히 고려한다.

(7) 7단계 : 새로운 핵심역량에 맞는 조직의 핵심기술을 개발하여 조직을 학습화시킬 뿐만 아니라, 이를 통해 조직을 활성화시킬 수 있어야 한다.

5) 핵심역량의 창조와 유지

핵심역량을 창조하기 위해서는 회사 내에 핵심조직을 두어야 하며, 핵심역량에 의한 기업경영전략은 최고경영자의 결단력에 의존하게 되기 때문에 최고경영자의 결단력이 필요하다.

보유하고 있던 핵심역량은 시간이 흐를수록 희석되기도 하는데 그 이유는 다음과 같다.

첫째, 기술을 보유한 스탭프들이 점차 다른 곳으로 이직하는 경우이다. 이와 같은 경우에는 미래의 관리자를 양성하는 기회마저 잃게 된다.

둘째, 다른 부서 관리자들에게 동시에 동일한 힘을 주게 되는 경우이다. 이와 같은 경우에는 힘이 분산됨으로써 각각의 요구와 의지가 부딪치게 된다.

셋째, 최고경영자의 의지가 약해졌다는 인상을 주게 되는 경우이다. 최고경영자는 핵심역량이 구축되면 공통된 비전을 개발하고, 이를 조직원 모두가 공유할 수 있도록 하여야 한다.

2 아웃소싱전략

1) 아웃소싱의 개념

아웃소싱(out-sourcing)은 시장경쟁이 심해지고 기업의 특화의 정도가 고도화됨에 따라 핵심능력이 없는 부품이나 부가가치활동은 자체 내에서 조달하는 것보다 외부의 전문업체에 주문하여, 더 좋은 품질의 부품이나 서비스를 더 값싸게 생산 또는 제공받는 기법을 말한다.

또 아웃소싱은 기업의 여러 가지 경영활동과 업무 가운데 일부를 기업자체 내에서 처리하지 않고 외부에 맡기거나 조달하는 것을 의미한다(이광현, 2000). 이는 기업의 역량을 핵심부분에 집중하면서 외부의 전문분야를 활용하여 경쟁력을 높이기 위한 경영혁신기법이라고 할 수 있다.

예를 들면 최근 많은 기업들이 실시하고 있는 외부생산, 해외출장 관련업무 아웃소싱이나 자가용을 없애고 업무용 차량을 렌터카로 이용하는 것 등이 있다. 반면에 모든 경영활동과 원부자재 등을 자체적으로 생산, 조달하는 것을 인소싱(in-sourcing)이라고 한다.

아웃소싱은 기업의 가장 핵심적인 업무(핵심역량)만을 남겨서 집중 강화함과 동시에, 그 이외의 업무는 사외의 시장원리에 노출시켜 효율화와 서비스의 수준향상을 꾀하는 경영기법이다.

2) 아웃소싱의 목적

아웃소싱의 목적은 내부조직을 유지하기보다 외부 공급업체에 의존함으로써 비용을 절감하기 위한 것이다. 즉 아웃소싱 한 만큼 투자자산을 절감하고, 일부 투자자산을 공급업체에 매각하여 재무자산을 효율적으로 활용하고, 능력있는 사람을 보다 가치있는 활동을 하게 하기 위한 것이다. 근래에는 아웃소싱의 목적이 과거의 비용절감에서 사외의 발전된 전문기술 활용으로 본래업무를 강화한다는 것으로 중심이 옮겨가고 있다.

3) 아웃소싱의 특성

(1) 장점

1990년대에 들어서 외부 기술의 전략적 활용이 극대화되면서 아웃소싱이 많은 기업으로부터 도입되기 시작하였다. 경영전략상 어떻게 사용되느냐에 따라 이익이 될 수도, 해익이 될 수도 있을 것이다. 우선 아웃소싱의 장점을 정리해보면 다음과 같다(이광현, 2000)

첫째, 전문화와 규모의 경제를 통해서 와주업체들은 동일한 서비스나 가치를 내부조직에서 사용하는 비용보다 더 적은 비용으로 제공할 수 있다.

둘째, 고객 입장에서 제공받는 서비스가 불만족했다면 외주업체는 잠재적 고객들을 잃게 되므로 아웃소싱을 한 기업은 외주업체로부터 내부조직보다 적은 비용 또는 같은 비용으로 보다 고품질의 서비스를 제공받을 수 있다.

셋째, 제공받는 서비스를 위해 정해진 비용으로 아웃소싱 계약을 한 기업은 앞으로 발생할 비용 예측을 통해서 미래의 불확실성을 최소화할 수 있다.

넷째, 기존의 일상적인 업무를 아웃소싱함에 따라 발생되는 전사적 노력을 핵심역량 강화활동에 집중할 수 있다.

(2) 단점

기업은 아웃소싱을 함으로써 많은 이익을 얻을 수 있는 반면에 여러 문제점도 지적되고 있는데 정리해보면 다음과 같다.

첫째, 아웃소싱으로 기대한 효과가 별로 나타나지 않는 경우도 발생할 수 있다.

둘째, 아웃소싱은 특히 장기계약인 경우 외주업체의 경쟁력이 약화됨에 따라서 외주 업무 수행이 부실해질 수 있다. 이로 인해 아웃소싱한 기업은 계약기간동안 해약도 못하고 기대한 효과를 얻지 못할 수 있으며 어떤 업종에서는 고객과의 관계가 악화되는 상황이 발생하기도 한다.

셋째, 아웃소싱이 기존의 업무체계를 세분화시키는 경우 직무의 정체성을 저하시키고 구성원들의 직무몰입도에 부정적인 영향을 미칠 수도 있다.

넷째, 아웃소싱은 단기적인 이익은 가져오지만 장기적으로는 오히려 손실을 가져올 수도 있다. 특히 업무를 외주업체에 주는 경우에는 단기적인 비용 절감이 있을 수 있지만, 컴퓨터, 네트워크 장비 등과 같은 첨단 기기의 경제성이 급격히 높아짐에 따라 장기적으로는 오히려 손해를 볼 수도 있다.

다섯째, 최근에 발생한 우리 기업의 여러 사례에서도 알 수 있듯이 항상 노사간 분쟁의 중요 원인으로 작용할 소지가 있다.

4) 아웃소싱의 범위

(1) 아웃소싱의 범위 결정

아웃소싱의 범위는 어느 활동까지 아웃소싱하고 어느 정도까지 기업이 인소싱할 것인가를 결정하는 문제이다. 이러한 문제는 아웃소싱과 인소싱에서 발생되는 상대적인 비용에 의해서 결정된다.

(2) 아웃소싱의 대상

① 생산관리 분야

② 마케팅관리 분야

③ 인적자원관리 분야

④ 정보시스템 분야 등 다양함

5) 아웃소싱의 유형과 협력 형태

(1) 아웃소싱 유형

① **토털 아웃소싱** : 인적 자원과 기술적 자원 모두를 포함하여 외부의 전문기관에게 위탁하는 형태

② **부분 아웃소싱** : 기업의 기능 중 일부를 외부의 아웃소싱 전문업체에 위탁하는 형태

③ **글로벌 아웃소싱** : 아웃소싱 전문업체를 국내에 국한시키지 않고, 국제화·세계화에 발맞춰 세계적으로 경쟁력 있는 외부기관에게 기업의 기능 중 일부를 위탁하는 형태

(2) 아웃소싱 협력 형태

① **지원관계** : 업무이전 정도와 아웃소싱 대상의 전략적 영향도가 낮은 협력관계

② **의존관계** : 업무이전도가 높은 반면, 전략적 략적 영향도가 낮은 협력관계

③ **제휴관계** : 업무 이전도는 낮으나 전략적 영향도가 높은 협력관계

④ **동맹관계** : 업무이전 정도와 전략적 영향도가 높은 협력관계

6) 아웃소싱 시 고려사항

서비스의 질을 제고시키고 외주업체에 대한 유연한 통제가 가능하도록 외주업체 선정과 계약을 세심하게 계획하고 실시하여야 한다. 아웃소싱에 의존함으로써 핵심기술을 상실할 수 있다. 아웃소싱은 기업의 핵심역량을 강화시켜 경쟁력 우위를 유지시켜주는 가치 있는 전략이지만, 조직의 장기적인 핵심역량을 오히려 약화시키는 등 역기능을 가져올 수 있다.

아웃소싱을 함에 따라 기업의 각 기능별 분야 간의 밀접한 상호관계를 잃지 않도록 유지하여야 한다. 기업의 생산활동은 생산과 마케팅, 디자인, 부품생산 등의 여러 과정과 긴밀한 상호 협조관계가 필요한데, 일부부품을 외주에 의존함으로써 이와 같은 협력관계가 상실될 수 있다. 아웃소싱에 너무 의존함으로 부품공급업체에 대한 통제를 상실할 수도 있다. 부품 공급업체를 통제하기 위해서 한 공급업체에 의존하기보다는 상호견제와 경쟁을 유도하고, 필요한 경우에는 공급업체의 주식을 보유함으로써 통제권을 확보하는 것이 필요하다.

표 9-1 한국과 미국의 아웃소싱 비교

구분	한 국	미 국
목적	· 그룹내 정보시스템 조직 통합으로 시너지 효과 창출 · 정보통신산업과 서비스 산업 진출기반 확보	· 경영합리, 원가절감 · 조직구조 개편
유형	일괄적 아웃소싱이 주류를 이룸	일과적 아웃소싱과 선택적 아웃소싱의 공존
당사자 관계	그룹 내부회사 (내부 아웃소싱)	전혀 별개 회사 (외부 아웃소싱)
계약정신	· 상호이해 · 긴밀한 지원과 협력	· 파트너십 · 전략적 제휴
교체비용	상대적으로 낮으며, 교체 시의 경영위험이 적음	매우 높으며, 교체 시 경영위험이 발생함
인력 시설	· 서비스업체에 이관·매각 · 전산센터 신규설립	· 서비스업체에 이관·매각 · 전산센터 매각발생
계약기간	중기(3-5년)	장기(5-10년)

7) 아웃소싱의 효과

(1) 긍정적 효과

기업의 우수한 인력과 제한된 내부자원을 꼭 필요한 업무에 집중하여 활용할 수 있으므로, 내부 자원에 대한 수익을 극대화할 수 있다. 조직내부에서 수행할 때 과다한 비용이 소요되는 업무를 외주함으로써 비용절감의 효과를 얻을 수 있다.

외부공급자의 투자나 기술혁신의 성과, 전문적인 능력을 최대한 활용할 수 있다. 만일 그것을 사내에서 실시한다면 막대한 투자가 필요하므로 그 성과를 얻기 어려울 수도 있다. 급속히 변화하는 시장이나 기술 환경변화에 보다 유연하게 대응할 수 있다. 즉 급변하는 환경변화에 공동 전략은 위험을 줄이고, 개발기간을 단축하여, 적은 투자로 고객의 욕구를 만족시킬 수 있다. 또 기업의 기반구조를 크게 변화시키지 않고 성장을 도모할 수도 있다.

기업 자체의 능력 있는 전문인력이 아웃소싱 대상 업무를 관리·운영하는 것보다 더 가치 있는 활동을 하도록 할 수 있다. 정보기술에 투자한 자산을 외부공급사에게 매각함으로써 재무자산을 효율적으로 활용 할 수 있다.

(2) 부정적 효과

특정분야를 아웃소싱 할 경우, 조직축소와 인력감축이 심화된다. 인력감축이 아니더라도 재배치나 전환조치가 불가피해지면서 고용불안이 심화된다. 따라서 노사간의 갈등의 원인이 되고 이는 경쟁력 약화라는 역효과를 가져올 수 있다. 아웃소싱이 기업문화를 와해시켜 업무에 대한 의욕이나 열정이 식을 수 있으며, 이는 임직원들이 사기저하와 회사에 대한 충성심을 약화시킬 수 있다. 아웃소싱 공급업체의 품질하락과 납기지연으로 생산에 차질을 가져올 수 있으며, 아웃소싱 가격의 상승으로 제품 원가 상승요인이 될 수 있다.

Chapter 10

경영혁신 사례연구

1 포스코

1) 회사개요

1973년 우리나라 최초로 조강 103만톤의 1기 설비가 준공된 이래, 네 번의 확장사업 끝에 1983년 조강 910만톤 체제의 포항제철소를 완공하였다. 고도성장기의 급증하는 국내 철강수요를 감당하기 위해 포스코는 영일만의 신화를 광양만으로 이어가는 새로운 도전을 시작하였다. 1985년 광양 1기 착공을 시작으로 1992년 종합준공식까지 바다를 메워 제선-제강-압연 공정을 직결하는 최신예 제철소를 건설하는 한편, 기술자립을 위해서 독자기술 개발 필요성에 따라 포항공과대학교와 산업과학기술연구소, 회사를 잇는 산학연체제를 구축하였다.

포스코는 지속적인 설비효율화와 생산성 향상을 통해 1998년 조강생산 기준으로 세계 1위의 철강회사로 발돋움하였으며, 1999년 추진된 프로세스 혁신을 통해 구매, 생산, 판매 등 전 부문의 업무 프로세스를 재정립하고 디지털 통합 시스템을 구축하였다.

2000년 민영화된 포스코는 2007년 현재 조강 생산 5,000만 톤을 목표로 해외 생산기지를 확대하고자 베트남, 인도에 일관제철소 건설을 추진하는 등 주요 해외 거점에 생산 설비를 증설하고 있습니다. FINEX, poStrip과 같은 혁신적인 독자 기술 개발로 글로벌 기술 리더십을 강화하였으며, 안정적인 원료 확보를 위해 해외 투자를 확대하고, 자동차강판, 고급 API 강재 등 고부가가치 전략 제품의 판매 비중 또한 획기적으로 높여 가고 있다.

이와 함께 기업 지배구조를 보다 투명하게 하고 혁신을 포스코 고유의 기업문화로 정착시키고자 노력하고 있으며 경제적 수익성에만 치중하지 않고 환경적 건전성과 사회적 책임성이 함께 균형과 조화를 이루는 지속가능경영을 추구해 오고 있다.

2) 경영현황

2007년 기준 포스코는 고부가가치, 저원가 생산체제를 바탕으로 매출액 22조 2070억원, 영업이익 4조 3080억원, 순이익 3조 6790억원의 경영실적을 달성했으며, 연결기준으로는 매출액 31조 5920억원, 영업이익 4조 9020억원, 순이익 3조 6790억원을 각각 기록했다.

조강생산량은 포스코 단독으로 3110만톤을 달성해 2006년도보다 3.3% 늘었고, 매출액 또한 10.8% 증가해 사상 최대의 조강생산량과 매출액을 기록했다. 연결기준 조강생산량 역시 파이넥스 상업생산과 중국 장가항 스테인리스 일관생산설비 가동으로 지난해보다 5.5% 증가해 3280만톤을 달성했다.

포스코는 2007년 5월 준공된 차세대 혁신 제철 신기술인 파이넥스 상용화 설비를 성공적으로 가동하고 일일 4300톤의 쇳물을 생산했으며, 자동차강판 등 전략제품의 판매비율을 확대해 수익성을 높였다. 또한 총 8287억원의 원가를 절감함으로써 이익개선에도 크게 이바지했다. 이와 함께 2007년 포스코 최초의 유럽 가공센터인 폴란드 POS-PPC 등 14개 해외 전문 가공센터를 준공, 총 28개의 SCM기지를 갖춤으로써 가공센터를 통한 판매량이 전년보다 85% 늘어 매출액 증대에 기여했다.

포스코 주가는 양호한 경영성과와 미래성장성에 대한 시장의 지지에 힘입어 2006년말 30만 9000원에서 2007년말 57만 5000원으로 86% 상승했으며, 시가총액도 23조 2000억원이 늘어난 50조 1000억원으로 국내 상장사 2위, 세계 철강사 2위로 올라섰다.

2008년에 포스코는 조강생산능력을 확대하고 국내 신규사업

투자도 적극적으로 모색하며 글로벌 성장을 위한 해외투자를 늘려 40주년을 맞는 2008년을 글로벌 포스코로 도약하는 원년으로 만들 계획이다. 이를 위해 올해 투자비를 지난해 3조 8000억원보다 76% 증가한 6조 7000억원으로 책정하고, 연결기준으로는 8조원을 투자할 계획이다. 이를 기반으로 연결기준 조강생산량 3500만톤, 매출액 34조 3000억원을, 포스코 단독으로는 조강생산량 3300만톤, 매출액 23조 9000억원을 목표로 하고 있다.

특히 글로벌 성장을 위해 인도제철소 프로젝트 광권 취득과 제철소 건설을 위한 부지조성공사에 착수하고, 베트남에서는 일관제철소 타당성 검토 완료와 함께 냉연공장 본 공사를 진행할 계획이다.

3) PI(Process Innovation) 추진

포스코는 글로벌화, 민영화, 디지털화라는 거대한 경영환경 변화에 대응하기 위하여 포스코의 모든 것을 버리고, 없애고, 바꾸는 PI를 추진하였다. 그 결과 스피드와 효율성을 높여 고객가치를 극대화할 수 있는 가치경영을 실현할 수 있게 되었는데 그 내용은 다음과 같다.

(1) 고객중심으로 전사적 프로세스, 제도, 정보시스템 구축

포스코는 고객을 중심으로 전사적 프로세스, 정보시스템, 기업체질 등 전 분야를 혁신하였다. 먼저 고객 중심으로 프로세스를 개편하고, ERP(전사적 자원관리시스템), SCP(공급망 계획) 등 글로벌 Best Practice를 시스템에 적용하였다. 또한 의식과 관행, 조직 등 기업의 체질도 혁신하고자 하였다.

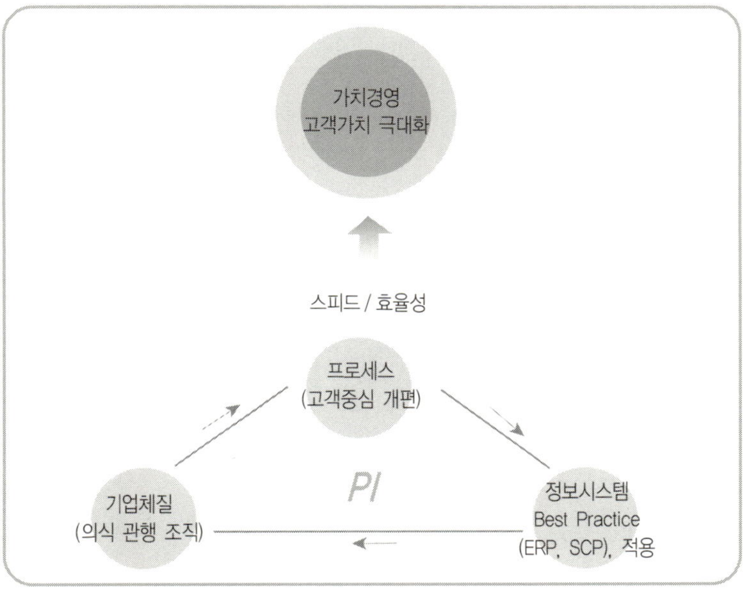

그림 10-1 포스코의 PI 추진

(2) IT를 경영에 접목

오랫동안 포스코는 굴뚝 기업의 전형이었다. 이런 포스코가 IT를 비즈니스에 성공적으로 접목시킴으로써 스피디하고 투명한 디지털기업으로 변모하였다.

포스코는 ERP/SCP/MES를 통하여 내부 프로세스를 통합하였으며, 인터넷을 이용하여 고객사, 공급사 간의 기업 내외부 프로세스를 통합함으로써, 디지털 경영정보시스템인 포스피아(POSPIA=POSCO UTOPIA)를 완성하였다.

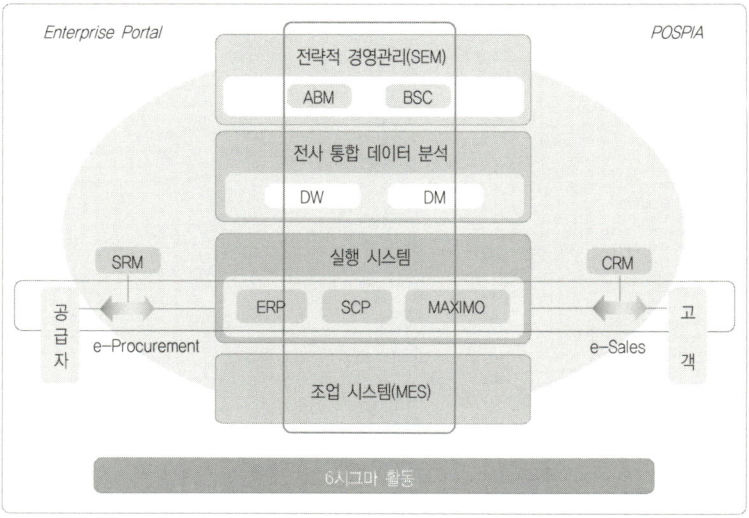

그림 10-2 포스코의 포스피아

4) 6시그마 추진

포스코는 PI로부터 시작한 경영혁신을 2002년 6시그마로 이어받아 변화를 가속화하고 있다. 포스코 6시그마는 일하는 방식의 혁신을 추구한다.

6시그마는 PI를 통해 구축된 인프라를 바탕으로 과학적, 통계적으로 문제를 해결해 나가는 혁신 활동이다. PI가 변화의 큰 틀을 완성하고 하드웨어적인 변화를 이끌었다면, 6시그마는 이를 소프트웨어, 휴먼웨어 차원의 변화로 한 단계 끌어 올리는 혁신활동이라고 할 수 있다.

포스코는 6시그마를 통해 일하는 방식의 경영혁신을 이루어 '글로벌 포스코' 실현을 뒷받침해 나가고 있다.

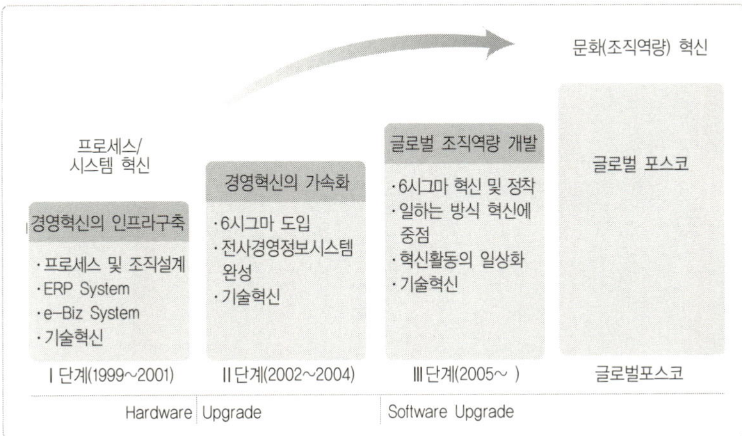

그림 10-3 포스코의 경영혁신 추진단계

6시그마 프로그램을 운영하면서 포스코가 가장 중요하게 생각하고 있는 것 중 하나는 '일하는 방식의 글로벌화'이며, 다른 하나는 '포스코 고유의 6시그마' 체질화였다. '일하는 방식의 글로벌화'란 포스코의 일하는 방식과 문화가 세계 어디에서나 통하는 글로벌 Best Practice를 구축해 나가겠다는 전략이다.

한편 문제해결 전문인력 양성, 혁신 역량 축적 등 2002년 6시그마 도입 이래 거둔 성과를 바탕으로 포스코는 기존 6시그마 방법론(DMAIC, DFSS)을 고도화하고, 크고 작은 문제들을 빠르게 해결할 수 있는 유용한 방법론으로 정립한 'Quick Six Sigma'를 통해 전원이 참여하는 포스코 고유의 개선문화를 만들어 가고 있다.

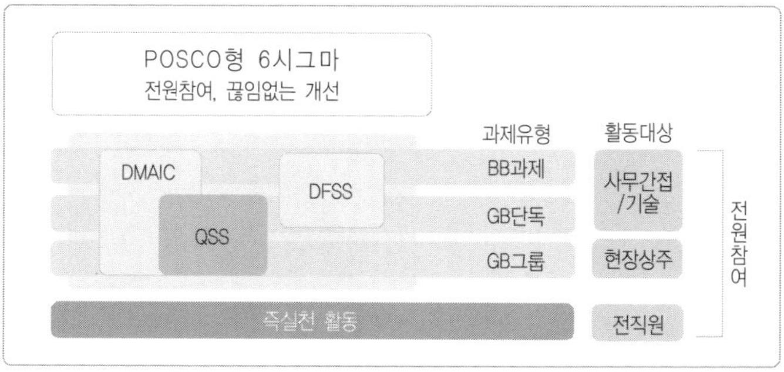

그림 10-4 포스코의 6시그마

5) 지식경영 추진

(1) 도입배경

포스코 지식경영의 목적은 회사 지식자산의 공유, 활용 및 창출, 인적 네트워크를 통하여 직원들의 역량과 성과를 향상시켜 회사 내에 지식근로자의 양성 및 기업 가치를 제고함으로써 지속성장하는 글로벌 기업의 위상을 뒷받침하는 것이다.

이러한 지식경영을 추진하게 된 배경은 첫째 사내 보유 지식의 재활용 및 우수사례 활용, e-러닝 콘텐츠를 통한 학습효과 증대 및 업무효율성 향상, 둘째 회사 내의 업무란 끝없는 문제해결의 연속이란 관점에서 지식전문가의 노하우와 회사 조직지식을 통한 문제해결력을 증대, 셋째 핵심지식확보, 종합화 및 활용으로 경영성과를 제고하고 미래경쟁력 확보, 넷째 지속적인 학습을 통한 지식근로자 양성 등이 필요했기 때문이다.

(2) 도입내용

포스코 지식경영은 학습과 경영혁신 활동의 시너지 효과 극대화를 위한 핵심 인프라이다. 지식경영은 지식공유, 인적 네트워킹, 학습동아리 활동 등으로 이루어지며, 경영혁신의 주요 활동인 QSS(Quick Six Sigma)는 일, 학습 및 혁신활동이 어우러진 학습동아리에서 수행되고 있다. QSS 활동을 통해 창출된 노하우, 우수지식과 Best Practice는 공유 및 재활용되고, 전문가 네트워크도 형성된다.

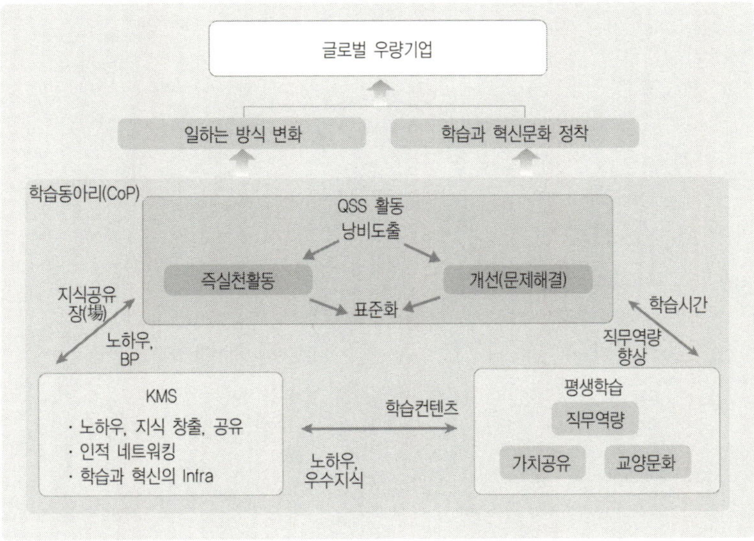

그림 10-5 포스코의 지식경영시스템

지식경영과 평생학습은 학습 콘텐츠와 노하우/우수지식을 상호 활용함으로써 선순환하는 발전체계를 가지고 있다. 즉, 지식경영-QSS-평생학습은 학습동아리를 매개로 하여 자연스럽게 일체화가 이루어지고 있으며, 학습동아리 활동을 통해 일하는 방식의 변화를 촉진하고 학습과 혁신문화를 정착함으로써 글로벌 우량기업으로의 성장을 지원하고 있다.

① 지식경영 생활화 단계

포스코 지식경영은 전사적 도입이 이루어진 2002년 이후 지식경영 활성화 및 학습조직화 단계를 거쳐 현재 성과창출 단계에 이르렀으며, 학습활동이 강화된 특징과 함께 선진 지식기업이 보유하고 있는 지식경영 문화와 유사한 모습으로 진화되어 왔다.

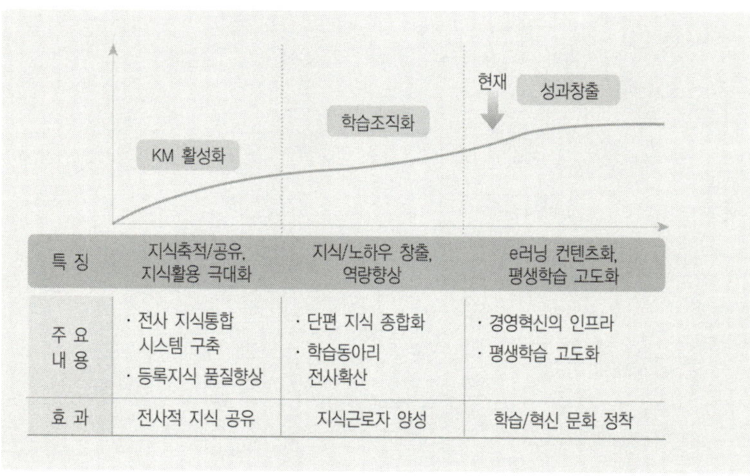

그림 10-6 포스코의 지식경영 추진단계

② 지식경영 활성화 단계

㉮ 전사적 지식통합관리시스템 구축(2002년)

사내 36개 지식정보관리시스템(KMS)을 통합하였고, 전사적 단일 통합맵을 구성하여 지식에 관련된 하나의 맵으로 구성하였다. 또한 사내에 있는 많은 지식관리 프로세스를 3가지 유형으로 단순/표준화 하였으며, 지식전문가 제도를 도입하여 사내 지식을 평가 정제하고 전문가 네트워크가 형성되도록 하였다. 기술/사무 부문별로 불균형된 지식평가 보상제도를 통합하여 전사적 통합 지식 마일리지 제도를 도입하고 운영하였다.

㉯ 지식경영 활성화를 위한 변화관리 실시(2003년)

직원들의 지식경영 마인드 함양 및 KMS 활용을 용이하게 하기 위해 최고경영층을 포함하여 전 임직원에 대한 교육을 실시하였고, 시스템의 기능을 쉽게 이해하고 활용할 수 있도록 기능에 대한 설명을 전사에 200여회 공지하였으며, 사내 신문 및 방송을 통해서도 홍보를 지속적으로 실시하였다. 또한 KMS의 활용 극대화를 위해 지식경영 우수사례를 등록 및 전파하였다.

㉰ 학습동아리 도입, 지속적인 지식경영 리더 역량강화(2004년)

지식공유, 활용, 창출 문화의 체계적인 확산에 따른 성과를 조직학습으로 연계하기 위해 전사 학습동아리 활동을 확산하는 학습동아리(CoP) 운영 기본계획을 수립하였다. 포스코 문화와 조화를 이루는 학습동아리 운영체계를 구축하기 위해 양 제철소 부장단의 의견 수렴과 7개의 모델 학습동아리를 파일럿 형태로 구성하여 3개월간 운영을 하였으며, 그 결과에 따라 성과분석과 제도보완을 통해 학습동아리 활동의 전사적 확산을 준비하였다.

지식전문가 및 학습동아리 리더들을 대상으로 분기 1회 워크숍을 실시하여 현장에서 지식경영을 선도할 수 있도록 역량을 향상하였으며 필요에 따라 사외에서 실시하는 지식경영 관련 교육과정이나 컨퍼런스에도 참여하도록 하였다.

③ 학습조직화 단계

㉮ 학습동아리의 전사적 확산(2005년)

학습동아리의 활성화를 위해 부서별 맞춤형 컨설팅과 동아리 리더 워크숍과 CoP 우수회사 벤치마킹을 지속적으로 실시하였다. 종합지식, 정보교류 등 4개의 유형으로 동아리를 구분하였으며 성공적인 전사 확산의 결과 2005년 12월까지 2,970개의 학습동아리가 생성, 운영되었으며 활동 참여 누적인원은 52.5천명에 이르게 되었다.

㉯ 일과 혁신의 학습조직화(2006년)

학습동아리 구성체계를 전 직원이 일과 혁신 활동을 전략적으로 추진하는 직무학습동아리와 자발적으로 구성, 운영하는 지식경영 동아리로 구분하였다. 특히 직무학습동아리를 통한 QSS 활동으로 현장의 업무효율 향상과 낭비 개선, 직원 간의 유대강화 효과가 뚜렷하게 나타났다. 또한 학습을 위한 노하우 지식창출 활동을 본격적으로 추진하였으며, 지식경영이 학습과 혁신의 인프라로 정착되기 위한 기반을 다졌다.

④ 성과창출 단계

학습과 경영혁신 활동의 인프라로 지식경영이 정착함으로써 회사의 경영성과 향상을 지원하고 있다. 지식경영-QSS-평생학습이 학습동아리를 통해 상호 연결고리를 가지고 시너지를 발휘하는 포스코 고유의 지식경영 활동을 전개해 나가고 있다. 또한 종합지식 및 우수지식을 e-러닝 콘텐츠화 함으로써 문제해결 지원을 강화해 나갈 계획이다.

(3) 도입성과

포스코 직원들은 하루 평균 6~8천명이 KMS에 접속하여 업무수행에 필요한 지식을 이용하고 있다. 업무의 수행결과로 발생되는 지식과 학습동아리 활동으로 창출되는 지식이 하루에 200~300건씩 회사의 시스템에 등록되고 있다. 2007년 1월 현재 약 36만건의 우수지식이 KMS에 등록되어 업무수행 및 학습자료로 활용되고 있다.

학습동아리는 2007년 1월 현재 2,907개가 구성되어 운영 중이며 참여인원은 69,051명으로 직원 인당 3.9개의 동아리에 참여하고 있다. 93%에 해당하는 직원들이 학습동아리를 통해 업무수행에 도움을 받고 있는 것으로 응답하였으며, 직원 간 유대강화에도 크게 기여하고 있는 것으로 나타났다.

매일경제신문과 세계적인 경영컨설팅회사인 부즈앨런해밀턴은 1999년부터 공동으로 지식경영을 통해 한국의 국가경쟁력 향상에 기여한 기업을 선정, 포상하고 있는데 포스코는 2004년~2006년 3년 연속으로 매경-부즈앨런 지식경영상을 수상하였다. 특히 2006년에는 가장 우수한 지식경영 기업인 '지식경영대상' 수상업체로 선정되어 국내에서 가장 선도적인 지식경영기업으로 인정을 받았다. 또한 2005년~2006년 2년 연속 영국의 지식경영 전문연구기관인 Teleos사에서 Asian MAKE(Most Admired Knowledge Enterprise)상 수상업체로 선정되기도 하였다.

포스코 지식경영을 벤치마킹한 회사가 110여개에 달할 정도로 지식경영의 성공적인 수행을 외부로부터 평가받고 있으며, 세계 철강업계의 리더 기업으로서 공헌하기 위해 해외 철강회사의 지식경영 구축, 지원 및 교류 활동도 강화하고 있다.

2 삼성SDI

1) 회사개요

삼성SDI는 1970년 1월에 설립된 삼성-NEC 주식회사를 모태로 한다. 1990년대에 들어 해외 현지공장의 설립을 적극적으로 추진하여 글로벌 네트워크 구축에 주력하여 세계 7개국에 13개의 생산거점을 두고 있으며, 국내에는 서울에 본사를 두고 부산,

수원, 천안의 사업장과 함께 기흥의 중앙연구소가 있다. 2004년 말 기준으로 국내에는 9,800여명, 전 세계적으로는 27,000여명의 종업원이 근무하고 있다.

1999년 1월에 삼성전관(주)에서 삼성SDI로 사명을 변경하였다. 새로운 회사명은 21세기 디지털경제의 핵심 산업인 디지털, 디스플레이, 2차 전지와 같은 인터넷 컴포넌트를 중심으로 첨단사업을 전개하는 회사의 이미지를 나타내고 있다.

설립 이후 진공관과 흑백 브라운관을 생산하다가 1980년부터 컬러 브라운관을 생산하기 시작하였다. 현재 생산하고 있는 제품은 PC 및 TV용 브라운관(CRT), 보급형 액정표시장치(STN-LCD), 형광표시판(VFD), 유기전계발광소자(OLED), 플라즈마 평판 디스플레이(PDP) 등과 같은 디스플레이 장치와 함께 리튬-폴리머 2차전지이다. B2B 형태의 비즈니스 모델을 가진 삼성SDI는 고객회사의 입장에서는 부품생산 업체이며, 주문 및 계획 생산방식으로 운영된다. 이러한 점은 삼성SDI가 고객의 수요에 적절히 대응할 수 있는 빠르고 유연한 제품개발 및 생산체제를 갖출 것을 요구한다.

2) 경영현황

현재 생산되고 있는 제품의 개선 노력이 지속적으로 이루어지고 있을 뿐만 아니라 디지털, 모바일 시대에 대비하여 전계방출소자, 반강유전성액정화면, 3차원 입체화면 등 미래형 디스플레이 개발을 위하여 2002년 5월 경기도 기흥에 중앙연구소를 신설하였다.

영상 디스플레이 시장은 컬러 TV와 PC의 보급이라는 두 번의 큰 변환기를 거쳐 본격적인 디지털융합 시대를 맞이하여 또 한 번의 큰 변혁기에 들어서고 있다. 지난 30여 년간 오디오 시대, 흑백 시대, 컬러 시대를 지나오면서 영상 디스플레이를 전문적으로 생산해온 삼성SDI는 본격적인 디지털시대를 대비하여 차세대 디지털 디스플레이와 함께 모바일 에너지의 핵심인 2차 전지 개발에 주력하고 있다.

본격적인 디지털 시대의 도래와 더불어 이동통신환경이 급격하게 변화함에 따라 첨단 디지털 디스플레이와 2차 전지 분야에 집중하는 전략적 방향을 수립하고 사업구조의 개편을 통하여 현재 50% 이상 차지하고 있는 브라운관 중심에서 2005년 이후에는 PDP, 2차 전지, OLED 등 신규 사업의 비중을 60% 이상으로 높이는 방향으로 추진 중이다. 이는 모바일과 디지털방송의 결합을 통한 디지털융합 지향의 정보사회를 맞이하여 이에 따른 주력제품의 변화를 예측하고 앞선 대응방안이 마련될 필요성의 인식에 기초하고 있다. 신규 사업 중심으로의 구조개편을 위해서는 새로운 경영방식과 시스템 경영전략이 요구된다.

3) 경영혁신 추진

삼성SDI는 고객지향의 6시그마 사상을 기반으로 'People Innovation, Process Innovation, Product Innovation'을 통해 세계 최고 수준의 경쟁력과 수익력을 갖추는 것을 경영혁신의 기본적인 추진전략으로 삼고 있다. 삼성SDI는 [그림 10-7]과 같이 6시그마 사상과 기법을 기반으로 제품, 프로세스, 인력 등 3부분의 혁신을 통하여 'Ino333'으로 불리는 구체적인 목표를 수립하였다. 'Ino333'은 투입에서 손실의 30% 절감과 품질비용을 3%로 낮추고, 산출에서 매출이익을 30% 확보하자는 의미이다.

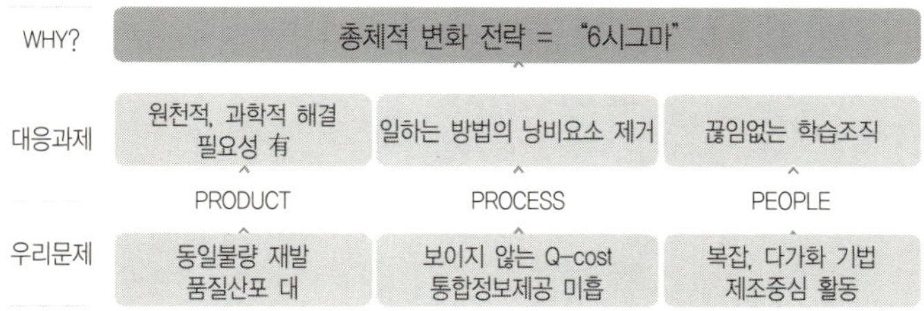

그림 10-7 삼성SDI의 경영혁신

국경 없는 경쟁시대에 제품이 필요한 곳에 가장 신속하고 가장 싸게 공급할 수 있는 글로벌 경영체제, 모든 의사결정을 지역과 부서에 관계없이 동시에 할 수 있는 동시관리체제, 지식과 정보를 전 세계 어디서나 활용할 수 있는 시스템 경영체제의 구축이 삼성SDI의 총체적인 혁신전략의 근간을 이루고 있다.

이를 위해 모든 임직원이 정보시스템을 통해 지식근로자로 변화할 수 있도록 학습조직과 원활한 커뮤니케이션의 조직문화를 만들고 있으며, 나아가 고객과 협력사와 협업하고 정보를 공유할 수 있는 e-비즈니스 체제를 구축하였다.

삼성SDI는 e-비즈니스 체제 구축을 통한 전사적 차원의 경영혁신을 목표로 표준 프로세스의 준수, 프로세스의 효율화, 정확한 기준정보의 제공을 위하여 ERP를 기반으로 한 경영관리의 전략정보화, 고객지향형 정보서비스의 차별화, 공급망관리로 자원흐름 최적화, 개발혁신을 통한 기술경쟁력 강화, 그리고 인터넷 기반의 정보 인프라 확충 등 5대 세부전략을 수립하여 추진하였다.

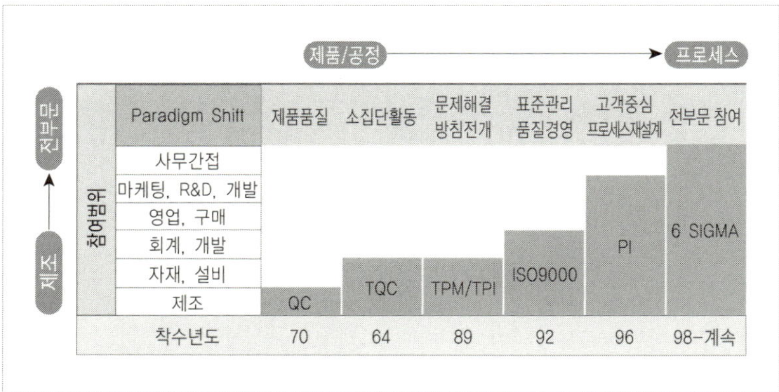

그림 10-8 삼성SDI의 경영혁신 추진단계

(1) CRM

CRM 부문에서는 영업통합시스템(COSMOS)을 구축하여 2001년 9월에 전 법인에 적용하여 고객정보의 통합관리와 영업, 생산, 원가, 주요 자재 데이터를 연계한 영업 통합 DB를 구축하여 영업사원별, 고객별 맞춤정보 서비스를 제공하고 있다. COSMOS는 Employee Portal과 Customer Portal로 기능이 구분된다. Employee Portal은 영업담당자를 위하여 수주에서 출하까지의 모든 정보를 맞춤서비스로 제공하며, Customer Portal은 제품 및 주문정보를 고객별로 맞춤형 서비스를 제공한다.

(2) SCM

SCM 부문의 주요 시스템 중에서 글로벌 자원계획시스템(GPS)이 2000년 9월부터 운영되고 있다. 이는 삼성SDI 브라운관 사업만 가지고 있는 생산좌석 개념을 시스템화한 것으로 모든 법인의 중장기, 단기 판매계획에 의해 생산좌석이 만들어지고 고객의 주문에 의해 좌석이 예약되어 생산되는 일련의 계획수립 시스템이다.

또 구매와 관련한 SCM 하부시스템으로 GPCS(Global Price Comparison System)가 있는데, 브라운관에 소요되는 자재 중에서 여러 법인에서 공통적으로 사용하는 자재에 대한 법인 상호간에 구매가격 비교가 가능하고, 전 법인이 글로벌 차원에서 최저가격의 자재를 사용함으로써 원가 절감을 도모하는 시스템이다.

(3) 지식경영 포털시스템

삼성SDI는 지식경영을 '개인이 보유하고 있는 정보와 지식을 체계적으로 창출, 축적, 공유, 활용함으로써 새로운 지식을 재창출하고 이를 바탕으로 경영 성과를 극대화하는 활동'이라 정의하고 있다. 이에 따라 지식경쟁력 확보를 위해 2001년 Web 기반의 지식공유 포털시스템 구축을 시작으로, 임직원에게 지속적으로 지식경영 활동을 장려하고 있다.

삼성SDI는 업무와 연계된 다양한 지식을 체계적으로 관리하고 편리하게 활용할 수 있도록 지식경영 포털시스템을 구축 하였다. 지식경영 포털시스템에는 기술 커뮤니티, 표준 관리, 6시그마 프로젝트 관리, 지식충전소 등 지식경영 활성화를 유도하기 위한 다양한 프로그램을 갖추고 있다.

아울러 고품질 지식의 신속한 축적과 축적된 지식의 원활한 활용이 가능하도록 지속적인 지식경영 활동을 전개하고 있다.

그림 10-9 삼성SDI의 지식경영 포털시스템

삼성SDI는 자발적인 학습조직을 운영하여 현장 학습 문화를 정착시키기 위해 ‘학습셀’ 제도를 운영하고 있다. 이는 기존의 주입식 사내 학습법에서 탈피하여 스스로 원하는 교육을 원하는 사람들과 함께 할 수 있는 제도이다. 임직원은 학습셀 제도를 통해 부서에 관계없이 팀을 구성하고 세미나, 토론회 등으로 업무 관련 경험과 기술을 공유하고 있다. 교육 주제와 강사 등은 스스로 선정하며, 회사는 교육비를 지원할 뿐 세부 활동에 일체 관여하지 않는다.

학습셀 제도는 임직원에게 큰 호응을 얻고 있으며 스스로 학습하고 탐구하는 조직문화를 확산하는 데 도움이 될 것으로 기대한다.

표 10-1 지식경영 포털시스템의 주요 기능

구분	내용
개인맞춤기능 (My Page)	임직원 개인별 자신에게 맞는 지식관리시스템 환경 구성 및 활용(자기소개, 의견수신함, 최신지식, 관심지식, 추천지식, 검증목록, 사내사이트 등)
통합검색	지식관련 시스템 통합화를 통하여 내·외부 지식 통합검색
지식검증/평가	지식 마스터가 손쉽게 지식을 검증/평가할 수 있도록 지원
관련 시스템 연계 기능	타 지식관련 시스템 접속기능 제공
기타 부가기능	기존 지식에 의견을 추가하는 부가기능, Q&A, 지식 전달을 위한 BBS, 관련 사이트를 등록하는 cool site, 동호회/학습회(CoP) 지원

4) 경영혁신 성과

e-비즈니스 시스템을 근간으로 한 경영혁신 노력을 통하여 삼성SDI는 매출액, 순이익, 부채비율 등에서 양질의 재무적 성과를 달성하였다. 구체적으로 살펴보면, 5년 연속 사상 최대의 매

출액과 순이익을 기록하였다. 사상 최대의 순이익을 바탕으로 부채비율을 2001년 80.1%에서 2004년 50.0%로 낮추어 재무 안정성을 보였다. 삼성SDI의 PDP 부문이 2003년 2/4분기에 분기별 손익분기점이 흑자로 전환되었으며, 차세대 성장엔진인 2차 전지와 OLED 부문도 각각 2003년 5월에 월별 손익분기 흑자로 전환되었다. 이들 신규 사업들은 향후 수익성 향상에 많은 기여를 할 것으로 전망된다.

5) 경영혁신 성공요인

(1) CEO의 디지털 경영의지

기업경영에 있어서 다른 모든 분야와 마찬가지로 최고경영자의 관심과 지원이 성공적인 경영혁신을 위한 가장 기본적이고 중요한 요인이다. 1996년에 기업체질을 획기적으로 개혁할 필요성을 인식하고 전사적 혁신활동을 선언한 이후, 급격하게 변화하는 경영환경에 대처하기 위한 노력하였다.

선진국의 급격한 기술력 향상과 개도국의 저임금 공세라는 외적 위협과 매출액 대비 5% 수준의 낮은 이익, 22개월의 개발 리드타임, 60일의 수주에서 출하까지의 리드타임, 서비스 수준에 대한 고객의 낮은 인식 등의 내적 문제에 대응하기 위하여 기존의 양적 승부에서 질적 승부로 전환할 필요성을 인식하였다. 이의 해결방안으로써 프로세스 재설계를 추진하여 SAP R/3 ERP시스템을 도입하였으며, 1998년에 해외사업장에도 적용하여 글로벌 경영을 기반을 확립하였다.

(2) 지식경영시스템의 활용

경영혁신의 성과를 극대화하기 위해서는 조직 구성원 사이의 지식공유를 적극적으로 장려하는 지식경영 문화의 조성이 필요하다. 지식경영 활동의 측면에서는 CIO를 책임자로 한 지식관리센터를 두고 있으며, 우수지식 등록자와 활용자에게 해외연수 기회를 제공하고 프로젝트 인센티브, 연구개발 실적 인센티브, 6시그마 인센티브 등 지식활동 성과에 대하여 보상한다.

또 지식경영 수준을 진단하기 위하여 지식 및 조직문화에 대한 설문과 함께 주기적으로 사이버 설문조사를 실시하여 분석결과를 변화관리 프로그램에 반영한다.

KMS 활용 수준에 대한 진단을 통하여 변화관찰과 분석을 지속적으로 수행하고 있다. KMS 내의 통계서비스를 이용하여 부서별, 콘텐츠별 활용 현황에 대한 통계자료를 매월 추출하고 분석하여 부서별 활용을 독려하고 보완사항을 콘텐츠에 반영한다. KMS 자체에 대해서도 연 1회 현업 사용자들을 대상으로 시스템 만족도 조사를 실시하여 시스템의 성능을 개선하고 있다.

(3) 변화관리 활동

새로운 정보시스템의 도입에는 사용자와 이해관계자들로부터 저항이 수반되는 것이 일반적이다. 이러한 저항을 적절히 통제하고 변화의 장애요소를 효과적으로 제거하기 위하여 변화관리가 지속적으로 수행되어야 한다.

삼성SDI에서는 디지털경영 실천을 위한 기반을 조성하기 위하여 변화관리와 지식경영 활동을 적극적으로 추진하고 있다. 디지털경영을 위해 디지털 정신(속도, 개방성, 유연성)을 경영 전부문에 확산하기 위하여 디지털 정신에 맞지 않는 기존의 제도, 문화, 관행, 사고의 틀을 파괴하기 위하여 참신한 아이디어와 구체적인 대안이 필요한데, 제도파괴팀(Zeffa)을 변화관리에 적극 활용하고 있다. Zeffa팀은 월 1회 팀 자체 회의와 더불어 대표이사와의 간담회를 실시하여 주요 건의안건을 보고하고 아이디어를 제공하는 기회로 활용하고 있다. 또한 사이버 토론방을 활용한 대화의 장을 운영하여 상호 아이디어를 공유하고 의견을 조율한다.

(4) 임직원의 역량 향상

프로세스 혁신(PI) 기반으로서 임직원의 역량 향상을 위한 여러 가지 교육 프로그램이 시행되고 있다. 직급별, 직군별로 다양한 6시그마 품질 교육을 실시하는데 삼성SDI 고유의 6시그마 개념, QC 등의 교육과목을 직군별로 필수와 선택으로 구분하고 교육 우선순위를 부여하여 운영하고 있다.

References

- 김영렬, 한대문, "ERP & CRM", 대경출판사, 2005.
- 김영렬, 한대문, "ERP & SCM", 대경출판사, 2006.
- 김영렬, 한대문, "ERP 이해와 활용", 한올출판사, 2007.
- 김영렬, 한대문, "ERP 전략 & 회계정보시스템", 한올출판사, 2008.
- 김영실, 임덕순, 장승권, "지식경영의 실천", 삼성경제연구소, 1998.
- 노나카 이쿠지로, 곤노 노보루, 나상억 옮김, "지식경영", 21세기북스, 1998.
- 박영철, "지식경영 114", 서울경영컨설팅그룹, 2002.
- 서길수, "데이터베이스관리", 박영사, 2001.
- 신건호, "신 경영혁신", 학문사, 1999.
- 이광현, "21세기 기업생존전략", 석정출판사, 2000.
- 이광현, "아웃소싱", 한국능률협회, 2000.
- 이순철, "지식경영 매뉴얼", 매일경제신문사, 2000.
- 이재규, "지식경영학원론", 박영사, 2003.
- 임창희, "조직행동", 학현사, 2004.
- 천면중, 허명숙, "지식경영시스템", 한경사, 2005.
- 포스코건설 지식경영팀, 유레카 컨설팅, "신뢰로 이뤄낸 지식 경영", 시그마인사이트컴, 2002.
- 포스코경영연구소, "지식경영", 더난출판사, 1998.
- 피터드러커, 현대경제연구원 옮김, "지식경영", 21세기북스, 1999.
- 한재민, "경영정보시스템", 학현사, 2003.
- Davenport, T. H. & J. Glaser, "Just-in-Time Delivery Comes to Knowledge Management", Harvard Business Review, July 2002.

- Davenport, T. H. & L. Prusak, "Working Knowledge : How Organizations Manages What They Know", Boston, MA : Harvard Business School Press, 2000.
- Edvinsson, L. & P. Sullivan, "Developing a Model for Managing Intellectual Capital" European Management Journal, August 1996.
- Housel T. & A. H. Bell, "Measuring and Managing of Knowledge", NY : McGraw-Hill, 2001.
- Kaplan & Norton, "The Balanced Scorecard", Harvard Business School Press, 1996.
- Malhotra, Y., "Knowledge Management and Virtual Organizations", Hershey, PA : Idea Group Publishing, 2000.
- Michael E. Porter, "On Competition", Harvard Business School Press, 1998.
- Nissen, M., M. Kamel, & K. Sengupta, "Integrated Analysis and Design of Knowledge Systems and Processes", Information Resources Management Journal, January-March 2000.
- Nonaka, I., & N. Konno, "The Concept of 'Ba' : Building a Foundation for Knowledge Creation", California Management Review, Spring 1998.
- Nonaka, I., "A Dynamic Theory of Organizational Knowledge Creation", Organization Science, February 1994.
- Stewart, T. "Intellectual Capital : The New Wealth of Organization", Doubleday/Nicholas, 1997.
- Wiig, K. M., "Integrating Intellectual Capital and Knowledge Management" Long Range Planning, June 1997.
- LG경제연구원(http://www.lgeri.com)
- 포스코 홈페이지(http://www.posco.co.kr)
- 삼성SDI 홈페이지(http://www.samsungsdi.com)

용어모음

BPR(Business Process Reengineering : 업무프로세스 재설계)

조직의 업무프로세스 혁신의 변화를 통해 기업의 경영혁신을 추구하는 경영기법이며, ERP 시스템을 도입하기 위한 사전작업으로 BPR이 수행되기도 한다.

Bullwhip Effect(소채찍 효과)

제조업체와 유통업체 간의 수요량과 발주량 차이에서 오는 문제로 부정확한 수요예측에 기인한 초과생산을 유발할 수 있다. 이를 해결하기 위해서는 제조업체와 유통업체의 정보 공유가 필요하다.

Covisint(코비신트)

2002년 2월에 설립된 자동차부품 B2B e-마켓플레이스로 주요 참여업체는 포드, 다임러 크라이슬러, GM, 르노, 닛산, 델파이, 리어 등이 있고, 솔루션업체인 오라클, 커머스원 등도 참여하고 있다.

CPFR(Collaborative Planning, Forecasting and Replenishment)

기업이 거래처와의 협력을 통해 상품 계획과 예측을 하고 상품을 보충하는 것이다. 즉, 수요 예측과 재고 보충을 위한 공동 사업을 말한다. 돌발적인 수요 증감을 정확히 파악해서 보급망 전체를 최적화하는 방법으로 CPFR 지원용 소프트웨어가 있다. 제조와 판매를 담당하는 각각의 기업이 도소매 예측치를 공유해서 재고 삭감이나 판매 증가를 목표로 하는데, 이때 공유하는 판매 예측치에 대해서 미리 설정하고자 하는 치를 초과한 경우에만 생산/판매 계획 등을 인정하게 된다.

CRM(Customer Relationship Management : 고객관계관리 시스템)

기업의 입장에서 신규 고객을 유치하는 것은 기존 고객을 유지하는 것 보다 훨씬 많은 비용을 초래하기 때문에 항상 더 나은 제품 및 서비스를 제공해서 기존 고객을 붙잡아 두는 것이 기업의 입장에서는 이익이 된다. 이러한 목적을 달성하기 위한 CRM은 선별된 고객으로부터 수익을 창출하고 장기적인 고객관계를 가능하게 함으로써 보다 더 높은 이익을 창출할 수 있는 고객관리시스템이다.

CRP(Continuous Replenishment Program)

지속적인 제품보충 시스템을 의미하는 것으로 유통업체 입장에서 소비자의 수요에 따라 제품의 결품이 발생하기 전에 자동적으로 상품을 공급받는 pull 방식의 제품 충원 프로그램이며, CRP의 구현을 위해서는 EDI, POS 등의 기술과 데이터의 활용이 필요하다.

Data Mining(데이터 마이닝)

데이터 웨어하우스로부터 정보를 추출하는 기법으로 데이터 분석을 통하여 판매량을 예측하거나 원인과 결과를 분석하거나, 특성에 따른 고객을 분류하거나, 유사한 특성을 가진 사람들을 그룹화 하는데 사용된다.

Data Warehouse(데이터 웨어하우스)

기업에서 사용되는 시계열 자료를 체계적으로 저장한 데이터베이스이다. 데이터 웨어하우스는 주제지향성, 통합성, 시계열성, 비휘발성의 특징이 있다.

Economic of Scale(규모의 경제)

기업이 생산의 투입 요소를 증가시킴으로써 수익성이 증대되는 현상을 말하며, 기업 간 협업을 강화하면 생산단가 및 업무비용을 낮추고 동일한 투입으로도 수익성을 증대시킬 수 있다.

Economic of Scope(범위의 경제)

단일 기업이 아닌 여러 기업들이 상호 협력을 통해 생산활동을 함으로써 비용을 절감시키고 공동의 노력으로 시너지 현상을 극대화시키는 현상을 말한다.

EDI(Electronics Data Interchange : 전자문서교환)

거래업체 간에 상호 합의된 전자문서표준을 이용하여 컴퓨터

간의 구조화된 데이터의 전송을 의미한다. 이를 위해서는 원거리간 문서 교환을 위한 응용프로그램, 데이터 전송이 가능한 통신망, 네트워크 소프트웨어, 두 기업 간 표준화된 문서교환을 지원해주는 변환 소프트웨어 등이 필요하다.

ERP(Enterprise Resource Planning : 전사적 자원관리시스템)

기업의 경영자원에 대한 통합적 자원관리를 체계적으로 하기 위해 회계/재무, 생산, 물류, 인사 등 전 부분을 연계시켜 기업 전체 차원의 최적화를 달성하도록 지원해주는 시스템이다.

Extranet(엑스트라넷)

인터넷 기술을 기반으로 한 사적이고 소유권이 있는 연결을 제공하며 공급사슬 네트워크의 외부적 파트너들 간에 이용되는 커뮤니케이션 기술로 구매, 판매, 제조, 회계, 유통 등과 같은 공급사슬 상에서 이용된다.

Intranet(인트라넷)

인터넷 기술을 기반으로 핵심 기업과 공급사슬 프로세스에 가치를 추가하기 위해 정보 접근을 허락 받은 내부 구성원들에게 제공하는 네트워크이다.

JIT(Just-In-Time)

도요타 자동차에서 부품조달을 적시에 하기 위해 활용한 방식이다. 납품업체와 긴밀하게 협력하여 생산에 필요한 자재나 부품을 그때그때 필요한 양만큼 신속하고 정확하게 조달하고 무재고를 달성함으로써 재고 비용을 감축하고 생산성을 제고하는 경영혁신 기법이다.

Logistics(물류)

고객 욕구에 부합할 목적으로 원천에서 소비지점까지 몇몇 경우에는 폐기시점까지 제품, 서비스 관련 정보가 효과적으로 이동되고 저장될 수 있도록 계획, 수행, 통제하는 프로세스이다.

MES(Manufacturing Execution System : 제조실행시스템)

Shop & Floor 환경의 실시간 모니터링, 제어, 물류 및 작업내역 추적 관리, 상태파악, 불량관리 등에 초점을 맞춘 현장 시스템이다. MES 시스템은 Bottom-up 방식으로 생산에 필요한 스케줄링과 이를 위한 계획 및 자재수급으로 파악하고자 하는 방식이다.

Outsourcing(아웃소싱)

자사 기능 중 일부를 외부의 전문 기업체에 위탁하는 것을 의미한다. 과거 단순한 업무를 하청함으로써 조직의 비용 감소를 목표로 수행되었지만, 최근 들어서는 외부의 전문적인 아웃소싱 업체가 나타남으로써 조직 내에서 관리하는 것보다 더 효율적이며 자사의 핵심역량에 더 집중할 수 있다.

●●● POP(Point Of Production : 생산시점 관리시스템)

제조현장에서 발생되는 제반 생산 정보(직접 생산 정보, 생산 인프라 정보, 제조 설비 상태 정보 등)를 실시간으로 수집, 분석하며 현장의 보고 체계를 정형화 시켜준다. 또한 제조 환경 변화에 따른 생산 지휘 체계가 일목요연하게 전개되는 운영 환경을 조성하여 생산성 향상에 크게 기여하는 시스템이다.

●●● POS(Point Of Sales : 판매시점 관리시스템)

판매시점 정보관리시스템으로 상품의 바코드에 부여된 정보를 판매 시에 실시간으로 취합해 관리할 수 있도록 지원하는 시스템이다.

●●● QSS(Quick Six Sigma)

도요다자동차 고유의 생산방식이자 고유문화인 TPS와 LEAN의 장점을 접목하여 포스코 고유의 일하는 방식이다. 6시그마의 목적이 재무적 성과와 새로운 가치창출인 것에 반해서 QSS는 현장의 낭비 요인 발굴 등이 목적이다.

●●● Quick Response(QR 시스템)

1985년 미국의 패션어패럴 산업에서 공급체인의 제품 흐름을 개선하기 위하여 소매업자와 제조업자의 정보공유를 통해 효과적으로 원재료를 충원하고, 제품을 제조하고, 유통함으로써 효율적인 생산과 공급체인 재고량을 최소화시키려는 전략이다.

SCM(Supply Chain Management : 공급사슬관리 시스템)

제품, 서비스, 고객에게 가치를 창출하기 위한 정보를 제공하는 최초의 공급자로부터 최종 소비자까지를 잇는 각 비즈니스 프로세스의 통합이다.

Six Sigma(6시그마)

통계적 측정이자 기업전략이며 철학이다. 통계적 측정이라는 것은 객관적인 통계수치로 모든 프로세스를 측정·분석한다는 뜻으로 제품 설계, 제조, 서비스, 품질, 산포도를 최소화하기 위해 규격 상한과 하한을 목표로 정하고 품질 중심의 경영을 지향한다는 것이다. 6시스마 품질수준은 1백만개 제품 중 불량이 3~4개 이내인 것을 말한다.

Value Chain(가치사슬)

마이클 포터(Michael E. Porter)가 1985년에 출판한 경쟁우위(Competitive Advantage)라는 저서에서 사용한 용어로 주 활동과 보조 활동으로 구성된다. 주 활동은 내·외부 로지스틱스, 운영, 마케팅과 판매, 서비스로 구성되고, 보조 활동은 회사의 인프라, 인적자원 관리, 기술개발, 조달 등으로 구성된다.

Virtual Enterprise(가상기업)

e-비즈니스 시대에 나타난 대표적인 가상조직의 확장된 형태

로써 특별한 경영목표 달성을 위해 핵심능력과 핵심자원을 보유한 기업들이 목표를 달성하기 위하여 만든 조직이다.

Vendor(공급업체)

자재나 서비스의 공급원이다.

저자약력

한대문(韓大文) 박사는 고려대학교에서 경영정보학을 전공하고 경영학 석사, 국비 장학연구원(NURI)으로 국립 충북대학교에서 경영정보학을 전공하고 경영학박사(Ph.D.)를 취득하였다.

주요 경력으로는 대구광역시 정보화정책팀 선임연구원, 중소기업청 산하 벤처창업보육사업단 연구원, 충북대학교 기업정보화지원센터 산학협력 선임연구원, 한민대학교 겸임교수, 동양대학교 강의전담교수 등을 역임하였고 기업경영혁신 특강, 산학지원 정책연구 및 프로젝트 등을 수행하고 있다.

현재 (사)한국산업정보학회 이사, 국립 충북대학교 경영대학 전임연구교수로 재직하고 있다.

■ 주요 저서 및 논문

- ERP & CRM(대경출판사, 2005)
- ERP & SCM(대경출판사, 2006)
- ERP 이해와 활용(한올출판사, 2007)
- 컴퓨터@인터넷 활용(광문각, 2007)
- ERP 전략 & 회계정보시스템(한올출판사, 2008)
- 글로벌 경영혁신 & 지식경영시스템(한올출판사, 2008)
- Mobile Commerce 사이트의 신뢰도 형성요인에 관한 실증연구 (2004 한국산업정보학회 우수논문상) 등 국내외 학술지 연구논문 다수

글로벌 경영혁신 & 지식경영시스템

2008년 3월 10일 초판1쇄 인쇄
2008년 3월 15일 초판1쇄 발행

저자와의 협의하에 인지생략

저 자 한 대 문
펴낸이 임 순 재
펴낸곳 한올출판사
등록 제11-403호
121-849
주 소 서울시 마포구 성산동 133-3 한올빌딩 3층
전 화 (02)376-4298(대표)
팩 스 (02)302-8073
홈페이지 www.hanol.co.kr
e-메 일 hanol@hanol.co.kr
정 가 **13,000원**

- ISBN 978-89-8325-970-7